projeto

ápis

EDUCAÇÃO INFANTIL

MATEMÁTICA

2

editora ática

LUIZ ROBERTO DANTE

- LIVRE-DOCENTE EM EDUCAÇÃO MATEMÁTICA PELA UNESP – RIO CLARO
- DOUTOR EM PSICOLOGIA DA EDUCAÇÃO: ENSINO DA MATEMÁTICA PELA PUC – SÃO PAULO
- MESTRE EM MATEMÁTICA PELA USP
- LICENCIADO EM MATEMÁTICA PELA UNESP – RIO CLARO
- PESQUISADOR EM ENSINO E APRENDIZAGEM DA MATEMÁTICA PELA UNESP – RIO CLARO
- EX-PROFESSOR DO ENSINO FUNDAMENTAL E DO ENSINO MÉDIO NA REDE PÚBLICA
- AUTOR DE LIVROS PARA A EDUCAÇÃO BÁSICA

NOEMI BIANCHINI

- DOUTORA EM SOCIOLOGIA DA EDUCAÇÃO PELO PROGRAMA EDUCAÇÃO, HISTÓRIA, POLÍTICA E SOCIEDADE DA PUC – SÃO PAULO
- MESTRA EM EDUCAÇÃO ESCOLAR PELA UNESP – ARARAQUARA
- PÓS-GRADUADA EM TEORIA E CRÍTICA LITERÁRIA PELA UNESP – ARARAQUARA
- LICENCIADA EM LETRAS E PEDAGOGIA PELA FFCLA – FACULDADE DE FILOSOFIA, CIÊNCIAS E LETRAS DE ARARAS
- EXPERIÊNCIA COMO SUPERVISORA E COORDENADORA DE CONTEÚDOS PARA CURSOS DE FORMAÇÃO DE PROFESSORES
- EX-PROFESSORA DOS CURSOS DE GRADUAÇÃO E PÓS-GRADUAÇÃO NAS ÁREAS DE CURRÍCULO, LEGISLAÇÃO, GESTÃO E ALFABETIZAÇÃO
- EX-PROFESSORA DO ENSINO FUNDAMENTAL E DO ENSINO MÉDIO NAS REDES PÚBLICA E PRIVADA

editora ática

Diretoria editorial
Lidiane Vivaldini Olo
Gerência editorial
Luiz Tonolli
Editoria de Anos Iniciais
Tatiany Telles Renó
Edição
Angela Adriana de Souza
Gerência de produção editorial
Ricardo de Gan Braga
Arte
Andréa Dellamagna (coord. de criação),
Priscila Zenari (progr. visual de capa e miolo),
André Gomes Vitale (coord.) e
Christine Getschko (edição)
Revisão
Hélia de Jesus Gonsaga (ger.),
Rosângela Muricy (coord.), Ana Curci,
Ana Paula Chabaribery Malfa e Luís Maurício Boa Nova,
Brenda Morais e Gabriela Miragaia (estagiárias)
Iconografia
Sílvio Kligin (superv.), Denise Durand Kremer (coord.),
Claudia Balista (pesquisa), Cesar Wolf
e Fernanda Crevin (tratamento de imagem)
Ilustrações
Maurenilson Freire (capa), Al Stefano (miolo)

Direitos desta edição cedidos à Editora Ática S.A.
Avenida das Nações Unidas, 7221, 3º andar, Setor A
Pinheiros – São Paulo – SP – CEP 05425-902
Tel.: 4003-3061
www.atica.com.br/editora@atica.com.br

Dados Internacionais de Catalogação na Publicação (CIP)
(Câmara Brasileira do Livro, SP, Brasil)

Dante, Luiz Roberto
Projeto Ápis : educação infantil : matemática /
Luiz Roberto Dante, Noemi Bianchini. –
1. ed. – São Paulo : Ática, 2016.

Obra em 3 v.

1. Matemática (Educação Infantil) I. Bianchini,
Noemi. II. Título.

15-11253 CDD-372.21

Índices para catálogo sistemático:
1. Matemática : Educação infantil 372.21

2018
ISBN 978 85 08 17803 2 (AL)
ISBN 978 85 08 17804 9 (PR)
Cód. da obra CL 738870
CAE 565 843 (AL) / 565 844 (PR)
1ª edição
3ª impressão

Impressão e acabamento
Corprint

O PROJETO ÁPIS EDUCAÇÃO INFANTIL
CHEGA ATÉ VOCÊ TRAZENDO MUITO APRENDIZADO!

COM UMA LINGUAGEM SIMPLES E ATRAENTE,
OS CONTEÚDOS ACOMPANHAM A EVOLUÇÃO
DAS CRIANÇAS.

COMPARTILHE, APRENDA E DIVIRTA-SE!

DANTE E NOEMI

CONHEÇA SEU LIVRO

ESTA É A **TURMA DA LIA**, QUE ACOMPANHARÁ VOCÊ DURANTE TODO O ANO.

LIA **BETO** **SOFIA** **BRUNO** **CAUÃ** **ANA** **MANUELA**

MATERIAL DE APOIO

SEMPRE QUE VOCÊ ENCONTRAR ESTE ÍCONE SIGNIFICA QUE **HÁ PEÇAS E FIGURAS A SEREM DESTACADAS** NO FINAL DO LIVRO.

SUGESTÃO DE...

O BOXE **SUGESTÃO DE...** APRESENTA MATERIAIS EXTRAS QUE COMPLEMENTAM OS TEMAS TRABALHADOS EM SALA DE AULA, AMPLIANDO O APRENDIZADO!

ESTAS SÃO AS SEÇÕES DO SEU LIVRO:

AS **ABERTURAS DE UNIDADE** INTRODUZEM O TEMA.

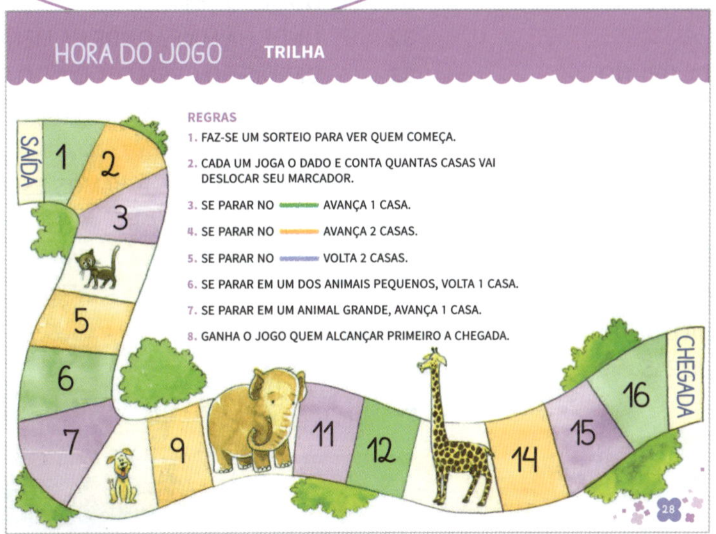
HORA DO JOGO TRILHA

REGRAS
1. FAZ-SE UM SORTEIO PARA VER QUEM COMEÇA.
2. CADA UM JOGA O DADO E CONTA QUANTAS CASAS VAI DESLOCAR SEU MARCADOR.
3. SE PARAR NO ▬ AVANÇA 1 CASA.
4. SE PARAR NO ▬ AVANÇA 2 CASAS.
5. SE PARAR NO ▬ VOLTA 2 CASAS.
6. SE PARAR EM UM DOS ANIMAIS PEQUENOS, VOLTA 1 CASA.
7. SE PARAR EM UM ANIMAL GRANDE, AVANÇA 1 CASA.
8. GANHA O JOGO QUEM ALCANÇAR PRIMEIRO A CHEGADA.

A **HORA DO JOGO** RETOMA OS CONCEITOS TRABALHADOS COM ATIVIDADES LÚDICAS E JOGOS E TORNA O APRENDIZADO MUITO MAIS DIVERTIDO!

SUMÁRIO

UNIDADE 1 CONHECENDO A TURMA 7

MEU NOME 8
NOME DAS AMIGAS DE LIA 9
MINHA IDADE 10
MINHA ALTURA 11
MINHA COR PREDILETA: O VERDE 12
QUE COR SERÁ QUE VAI DAR? 13
MINHAS MÃOS 14
BRUNO E BETO TÊM TAMANHOS DIFERENTES 15
ANA E SOFIA TÊM O MESMO TAMANHO 16
A COR PREDILETA DE BETO É O LARANJA 17
QUE COR SERÁ QUE VAI DAR? 18
COLEGAS DE ESCOLA 19
CONTAR E LIGAR 20
MINHAS PERNAS 21
FAMÍLIAS GRANDES E PEQUENAS 22
A COR PREDILETA DE MANUELA É O ROXO 23
QUE COR SERÁ QUE VAI DAR? 24
EU E MAMÃE 25
A FAMÍLIA DE ANA 26
A PROFISSÃO DO PAI DE CAUÃ 27
HORA DO JOGO 28
NA BANCA TEM 29
A RUA EM QUE BRUNO MORA 30
A SALA DA CASA DE BETO 31
A CASA DE LIA 32
ESTE É O QUARTO DE BRUNO 33
ESTA É A COZINHA DA CASA DE CAUÃ 34
OS BRINQUEDOS DE BETO 35
OS DADOS DE SOFIA E ANA 36
É IMPORTANTE SE ORGANIZAR 37
AS ROUPAS DE SOFIA 38
ANA TEM ROUPAS DE FRIO E DE CALOR 39
OS CALÇADOS DE LIA E BETO 40
OS BOTÕES DAS ROUPAS 41
HORA DO JOGO 42

UNIDADE 2 BRINQUEDOS E BRINCADEIRAS 43

NÚMEROS DE 1 A 6 44
NÚMEROS. VAMOS ESCREVER? 45
NÚMEROS 4, 5 E 6. VAMOS ESCREVER? 46
QUANTOS CARRINHOS? 47
4, 5, 6... VAMOS CONTAR OUTRA VEZ? 48
BRINCANDO DE CARRINHO 49
NÚMEROS E MEDIDAS 50
ONDE HÁ MAIS? ONDE HÁ MENOS? 51
DEPOIS DO 6 VÊM O 7, O 8 E O 9 52
VAMOS CONTAR E COLAR? 53
VAMOS LIGAR? 54
NÚMEROS 7, 8 E 9. VAMOS ESCREVER? 55
NÚMEROS DE 6 A 9 56
NÚMEROS DE 1 A 9 57
CONTANDO ATÉ 9 58
O NÚMERO ZERO (0) 59
NÚMERO 10. VAMOS ESCREVER? 60
NOSSOS DEDOS 61
NÚMEROS DE 0 A 10 62
NÚMEROS NO CELULAR E NA CALCULADORA 63
QUANTOS ANIMAIS! 64
CONTANDO MOEDAS 65
MAIS DINHEIRO 66
SEQUÊNCIA DOS NÚMEROS DE 0 A 10 67
HORA DO JOGO 68

SUMÁRIO

SOFIA GOSTA DE PINTAR 70
SE TIVER A MESMA FORMA, É SÓ LIGAR 71
ESTA É A SALA DA CASA DE BRUNO 72
NÚMEROS DE 0 A 10 73
OBJETOS QUE TÊM A MESMA FORMA 74
AGORA É A VEZ DE LIA 75
PROCURANDO FIGURAS PARECIDAS 76
VAMOS COLAR? 77
ONDE CABE MAIS LÍQUIDO? 78
ONDE CABE MENOS LÍQUIDO? 79
VAMOS DESENHAR? 80
QUE DELÍCIA! É HORA DO SUCO 81
VAMOS LIGAR? 82
BETO GOSTA MUITO DE ROBÔS 83
ROLA OU NÃO ROLA? 84
LIA DESCOBRIU OUTROS TIPOS DE FIGURA 85
ANA QUER SABER QUEM É MAIS PESADO 86
O QUE PESA MAIS? 87
BRINCANDO COM A BALANÇA 88
QUAL É MAIS LEVE? 89
CONSTRUINDO FIGURAS 90
MANUELA ESTÁ CURIOSA 91
SOFIA GOSTA MUITO DE PINTAR 92
VAMOS PROCURAR TAMBÉM? 93
ANA É MUITO CURIOSA 94
GEOMETRIA E ARTE 95
HORA DO JOGO 96
O AQUÁRIO DE BRUNO 97
VAMOS AJUDAR CAUÃ? 98
VAMOS COMPARAR COMPRIMENTOS? 99
VAMOS AJUDAR? 100
BRUNO E SUAS INVENÇÕES 101
CAUÃ GOSTOU DA IDEIA DE BRUNO 102
LIA PREFERIU MEDIR COM PALMO, PÉ E PASSO 103
QUENTE OU FRIO? 104
FRIO OU CALOR? 105
HORA DO JOGO 106

COR FAVORITA 108
LÁPIS DE COR OU GIZ DE CERA? 109
O QUE VOCÊ PREFERE: DOCE OU SALGADO? 110
VAMOS PESQUISAR SOBRE BRINQUEDOS DO PARQUINHO? 111
VAMOS PESQUISAR SOBRE ANIMAIS DOMÉSTICOS? 112
NA RUA 113
NÚMEROS ATÉ 10 114
NÚMEROS 10, 11 E 12. VAMOS CONTAR? 115
ANA GOSTA MUITO DE FRUTAS 116
CAUÃ GOSTA DE CONTAR 117
ATRÁS DO CAMINHÃO 118
BRINCANDO COM CUBOS 119
VAMOS CONTORNAR? 120
O RELÓGIO DA CASA DE BETO 121
FUTEBOL, UMA PAIXÃO NACIONAL 122
UMA OBRA DE ARTE 123
BRINQUEDOS DE BETO 124
HORA DO JOGO 125
DEPOIS DO 12 VÊM O 13, O 14 E O 15. VAMOS CONTAR? 126
SOFIA TAMBÉM GOSTA DE CONTAR 127
LIA GOSTA DE DESENHAR 128
VAMOS PESQUISAR SOBRE PREFERÊNCIA DE FRUTAS? 129
DESCUBRA O SEGREDO 130
DEPOIS DO 15 VÊM O 16, O 17, O 18, O 19 E O 20 131
CONTANDO MOEDAS 132
NÚMEROS E DINHEIRO 133
NÚMEROS DE 1 A 20 134
PASSEIO DA TURMA DA ESCOLA AO CIRCO 135
MAIS, MENOS E MESMA QUANTIDADE 136
VAMOS CONTAR E CONTORNAR? 137
O CONCERTO 138
VAMOS PESQUISAR SOBRE PREFERÊNCIA DE LEGUMES? 139
NÚMEROS DE 11 A 20 140
NÚMEROS DE 1 A 20 141
SEQUÊNCIAS DE NÚMEROS DE 1 A 20 142
HORA DO JOGO 143
HORA DO JOGO 144

MATERIAL DE APOIO

UNIDADE 1

CONHECENDO A TURMA

MEU NOME

VOCÊ TEM UM NOME. ELE É REPETIDO SEMPRE QUE ALGUÉM QUER FALAR COM VOCÊ.

- COM AJUDA DE UM ADULTO, ESCREVA SEU NOME NO QUADRO.

- QUANTAS LETRAS TEM O SEU NOME?
- CONTE E DIGA AOS SEUS COLEGAS QUANTAS LETRAS SÃO.

NOME DAS AMIGAS DE LIA

ESTA É LIA COM SUAS AMIGAS. OBSERVE O NOME DELAS.

LIA

SOFIA

MANUELA

- PINTE DE (azul) O NOME MAIOR, MAIS COMPRIDO.
- PINTE DE (vermelho) O NOME MENOR, MAIS CURTO.
- QUANTAS LETRAS TEM O NOME **SOFIA**?
- E O SEU NOME, QUANTAS LETRAS TEM?

MINHA IDADE

DEPOIS QUE NASCEMOS, A CADA ANO COMPLETAMOS MAIS UM ANO DE VIDA. VOCÊ TEM QUANTOS ANOS AGORA?

- FAÇA UM **X** NA MÃO QUE MOSTRA SUA IDADE.
- CONTORNE COM LÁPIS DE COR A MÃO QUE INDICA QUANTOS ANOS VOCÊ VAI FAZER NO SEU PRÓXIMO ANIVERSÁRIO.

- DESENHE NO BOLO A QUANTIDADE DE VELINHAS QUE INDICA QUANTOS ANOS VOCÊ VAI FAZER NO SEU PRÓXIMO ANIVERSÁRIO.
- QUANTOS ANOS VOCÊ FARÁ?

MINHA ALTURA

AS PESSOAS NASCEM PEQUENAS E CRESCEM...
MAS MESMO QUANDO TÊM A MESMA IDADE PODEM TER TAMANHOS DIFERENTES.

- FAÇA UM **X** NA CRIANÇA MAIS ALTA.
- CONTORNE A CRIANÇA MAIS BAIXA.

MINHA COR PREDILETA: O VERDE

LIA GOSTA MUITO DA COR VERDE. OBSERVE QUANTAS COISAS SÃO VERDES.

MACEOFOTO/SHUTTERSTOCK

JIANG HONGYAN/SHUTTERSTOCK

JOHANNES KORNELIUS/SHUTTERSTOCK

AFRICA STUDIO/ SHUTTERSTOCK

VIDEOWOKART/ SHUTTERSTOCK

FOODONWHITE/SHUTTERSTOCK

DENIS TABLER/SHUTTERSTOCK

LEE319/SHUTTERSTOCK

- VOCÊ SE LEMBRA DE MAIS ALGUMA COISA COM A COR VERDE? SE SIM, CONTE AOS COLEGAS.

VITALY KOROVIN/SHUTTERSTOCK

QUE COR SERÁ QUE VAI DAR?

LIA E BETO FIZERAM UMA EXPERIÊNCIA. MISTURARAM TINTA AZUL COM TINTA AMARELA. QUE COR SERÁ QUE DEU? VAMOS VER?

- MISTURE A COR  COM A COR E PINTE A ÁRVORE COM A COR RESULTANTE.

MINHAS MÃOS

- PASSE TINTA ▬▬ EM UMA DE SUAS MÃOS E CARIMBE-A NESTA PÁGINA.

- QUANTOS DEDOS HÁ EM SUA MÃO? ☐
- CIRCULE O DEDO MAIOR DE ▬▬.
- CIRCULE O DEDO MENOR DE ▬▬.

BRUNO E BETO TÊM TAMANHOS DIFERENTES

PESSOAS, ANIMAIS, PLANTAS E OBJETOS PODEM TER TAMANHOS DIFERENTES.

- EM CADA QUADRO CONTORNE O **MAIOR** COM GIZ DE CERA .
- EM CADA QUADRO FAÇA UM **X** NO **MENOR**.

ANA E SOFIA TÊM O MESMO TAMANHO

ANA E SOFIA FICARAM PERTO UMA DA OUTRA E PERCEBERAM QUE TÊM O **MESMO TAMANHO**.
QUAL COLEGA É DO MESMO TAMANHO QUE VOCÊ?

OBSERVE OS PÉS DE TRÊS CRIANÇAS DIFERENTES.

- CONTORNE COM LÁPIS DE COR ▬▬ OS PÉS QUE TÊM O **MESMO TAMANHO**.
- COLOQUE UM **X** NO PÉ DE **TAMANHO DIFERENTE** DOS OUTROS.

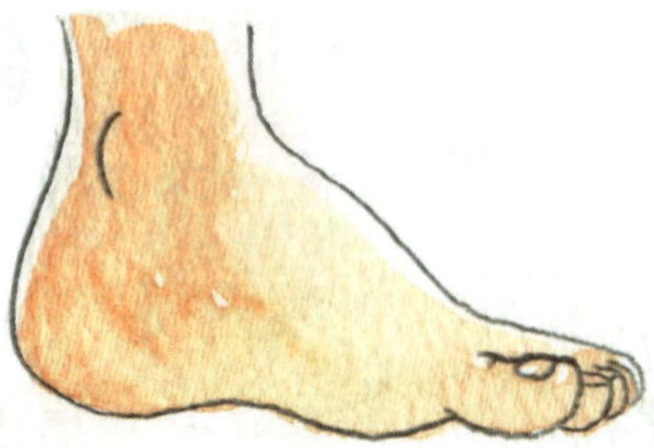

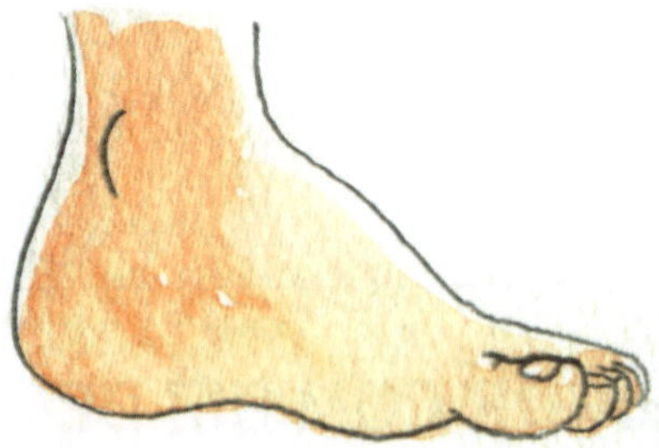

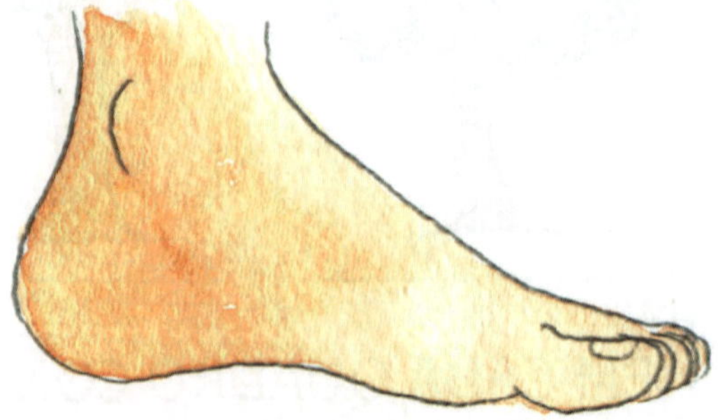

A COR PREDILETA DE BETO É O LARANJA

BETO GOSTA MUITO DA COR LARANJA. MUITAS COISAS TÊM A COR LARANJA.

SENLEKTOMYUM/SHUTTERSTOCK

IMFOTO/SHUTTERSTOCK

LUKAS GOJDA/SHUTTERSTOCK

BERGAMONT/SHUTTERSTOCK

TIM UR/SHUTTERSTOCK

PICHEST/SHUTTERSTOCK

SIRAPHAT/SHUTTERSTOCK

VIKTAR MALYSHCHYTS/SHUTTERSTOCK

MATTHIAS KRAPP/SHUTTERSTOCK

IV NIKOLNY/SHUTTERSTOCK

- CONTORNE COM LÁPIS DE COR O QUE VOCÊ JÁ TINHA VISTO ANTES.

QUE COR SERÁ QUE VAI DAR?

SOFIA E CAUÃ FIZERAM UMA EXPERIÊNCIA. MISTURARAM TINTA VERMELHA COM TINTA AMARELA. QUE COR SERÁ QUE DEU? VAMOS VER?

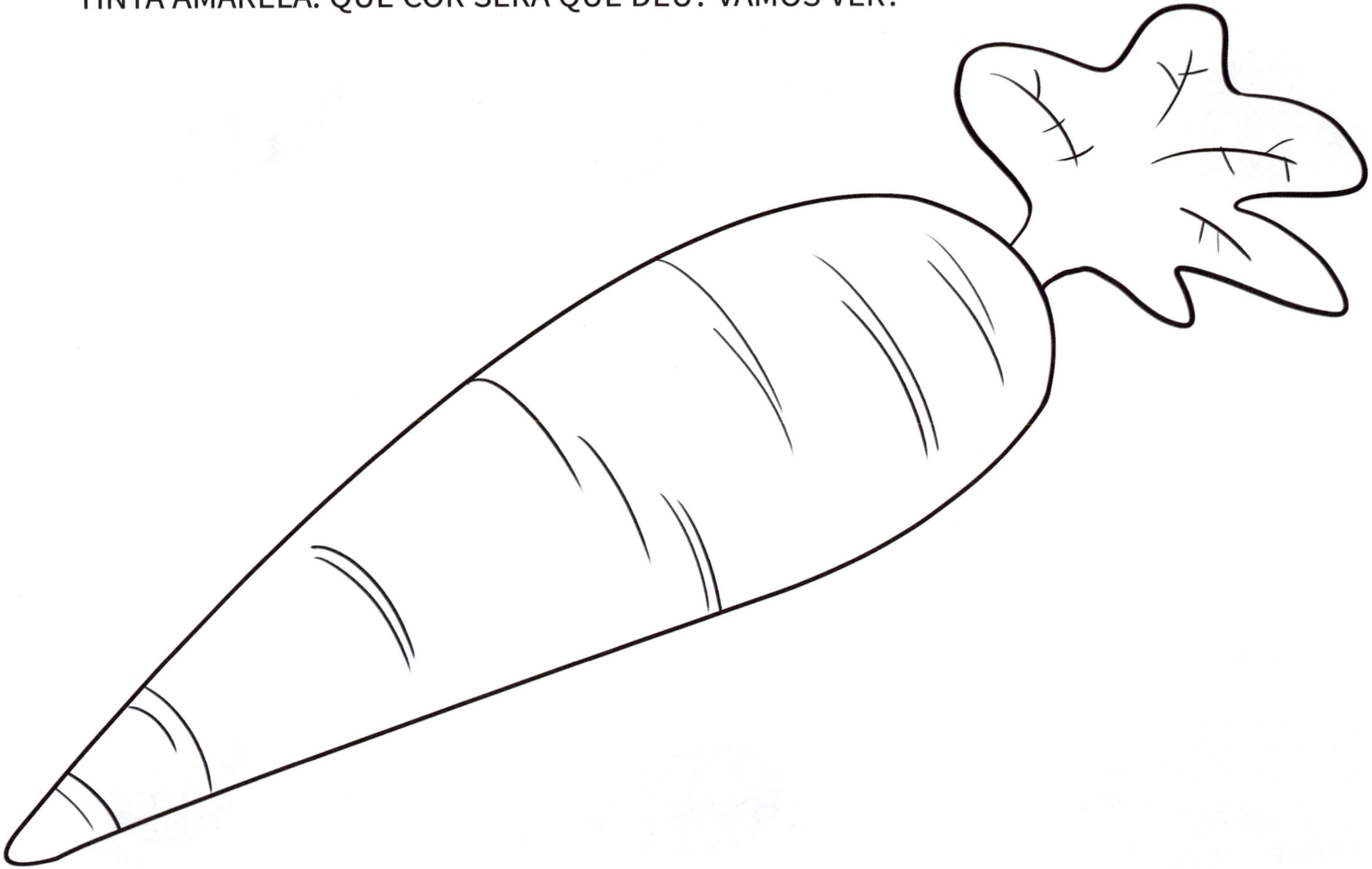

- MISTURE A COR COM A COR E PINTE A CENOURA COM A COR RESULTANTE.

COLEGAS DE ESCOLA

VEJA LIA E SEUS COLEGAS DE ESCOLA. VAMOS CONTAR?

1 CRIANÇA
UM

2 CRIANÇAS
DOIS

3 CRIANÇAS
TRÊS

4 CRIANÇAS
QUATRO

5 CRIANÇAS
CINCO

6 CRIANÇAS
SEIS

- CONTE, EM VOZ ALTA, A QUANTIDADE DE CRIANÇAS QUE HÁ EM CADA GRUPO.
- APONTE PARA CADA CRIANÇA ENQUANTO CONTA.

CONTAR E LIGAR

BRUNO QUER CONTAR AS CRIANÇAS. VAMOS AJUDÁ-LO?

1 2 3 4 5 6

- CONTE E LIGUE CORRETAMENTE CADA GRUPO DE CRIANÇAS A UM NÚMERO.

MINHAS PERNAS

OBSERVE BEM AS SUAS PERNAS. QUAL PARTE DELAS É **MAIS GROSSA**? E QUAL PARTE DELAS É **MAIS FINA**?

- CONTORNE DE ▬▬ A PARTE MAIS GROSSA DAS PERNAS DE BRUNO.
- CONTORNE DE ▬▬ A PARTE MAIS FINA DAS PERNAS DE BRUNO.
- COMO É CHAMADA A PARTE MAIS GROSSA DAS PERNAS? CONTE AOS COLEGAS.

FAMÍLIAS GRANDES E PEQUENAS

VEJA A FAMÍLIA DE LIA E A DE BRUNO.

- CONTORNE COM LÁPIS DE COR ▬▬ A FAMÍLIA QUE É **GRANDE**.
- COLOQUE UM **X**, COM A COR ▬▬, NA FAMÍLIA QUE É **PEQUENA**.

- QUANTAS PESSOAS HÁ NA FAMÍLIA DE LIA? ☐
- E NA FAMÍLIA DE BRUNO? ☐
- E A SUA FAMÍLIA, É GRANDE OU PEQUENA? QUANTAS PESSOAS HÁ NA SUA FAMÍLIA?

SUGESTÃO DE LIVRO

A FAMÍLIA ALEGRIA, DE CRISTINA VILLAÇA. ESCRITA FINA, 2011.

A COR PREDILETA DE MANUELA É O ROXO

MANUELA GOSTA MUITO DA COR ROXA. MUITAS COISAS TÊM A COR ROXA.

TETXU/SHUTTERSTOCK

ANNA KUCHEROVA/ SHUTTERSTOCK

TATIANA MAKOTRA/SHUTTERSTOCK

OSIPOVFOTO/SHUTTERSTOCK

DIONISVERA/SHUTTERSTOCK

TAMARA KULIKOVA/ SHUTTERSTOCK

- CONTORNE COM LÁPIS DE COR ▬▬ O QUE VOCÊ JÁ CONHECIA.

QUE COR SERÁ QUE VAI DAR?

ANA E MANUELA FIZERAM UMA EXPERIÊNCIA. MISTURARAM TINTA AZUL COM TINTA VERMELHA. QUE COR SERÁ QUE DEU? VAMOS VER?

- MISTURE A COR ——— COM A COR ——— E PINTE O CACHO DE UVAS COM A COR RESULTANTE.

EU E MAMÃE

SOFIA E SUA MÃE ESTAVAM PASSEANDO NO PARQUE.

- CONTORNE COM GIZ DE CERA DE COR ▬▬ QUEM É **GRANDE** E **MAIS ALTA**.
- CONTORNE COM LÁPIS DE COR ▬▬ QUEM É **PEQUENA** E **MAIS BAIXA**.
- DESENHE NA CENA UMA ÁRVORE GRANDE E ALTA E OUTRA PEQUENA E BAIXA.

A FAMÍLIA DE ANA

OBSERVE OS PORTA-RETRATOS COM AS FOTOS DA FAMÍLIA DE ANA.

MAMÃE

PAPAI

VOVÔ

VOVÓ

- CONTORNE COM LÁPIS DE COR [laranja] AS FOTOS QUE TÊM MOLDURA **LARGA**.
- COLOQUE UM **X**, COM LÁPIS DE COR [verde], NAS FOTOS QUE TÊM MOLDURA **ESTREITA**.

A PROFISSÃO DO PAI DE CAUÃ

O PAI DE CAUÃ É CARPINTEIRO. VOCÊ SABE O QUE FAZ UM CARPINTEIRO? CONVERSE COM OS COLEGAS SOBRE ISSO.

- PINTE DE COR ▬ A PORTA **ESTREITA**.
- PINTE DE COR ▬ A PORTA **LARGA**.

TRILHA

REGRAS

1. FAZ-SE UM SORTEIO PARA VER QUEM COMEÇA.
2. CADA UM JOGA O DADO E CONTA QUANTAS CASAS VAI DESLOCAR SEU MARCADOR.
3. SE PARAR NO (verde) AVANÇA 1 CASA.
4. SE PARAR NO (laranja) AVANÇA 2 CASAS.
5. SE PARAR NO (roxo) VOLTA 2 CASAS.
6. SE PARAR EM UM DOS ANIMAIS PEQUENOS, VOLTA 1 CASA.
7. SE PARAR EM UM ANIMAL GRANDE, AVANÇA 1 CASA.
8. GANHA O JOGO QUEM ALCANÇAR PRIMEIRO A CHEGADA.

NA BANCA TEM

- DESCREVA O QUE VOCÊ VÊ NESTA BANCA DE SUPERMERCADO.

- DESENHE MAIS 3 LARANJAS.

A RUA EM QUE BRUNO MORA

ESTA É A RUA EM QUE BRUNO MORA.
ATENÇÃO PARA AS PISTAS QUE O PROFESSOR VAI LER E DESCUBRA QUAL É A CASA DE BRUNO.

1. É UMA CASA COM 2 ANDARES.
2. TEM DUAS JANELAS.
3. FICA ENTRE A PADARIA E A LOJA.

- PINTE A CASA DE BRUNO.
- FAÇA UM **X** NA CONSTRUÇÃO MAIS BAIXA.

A SALA DA CASA DE BETO

OBSERVE BEM ESTA SALA. HÁ ALGUMA COISA ESTRANHA NELA?

- CONTORNE COM GIZ DE CERA DE COR ▬▬ O QUE NÃO FAZ PARTE DE UMA SALA.

A CASA DE LIA

A CASA DA LIA ESTÁ SEMPRE ARRUMADA. CADA COISA EM SEU LUGAR.

GARAGEM

QUARTO

SALA

BANHEIRO

COZINHA

MATERIAL DE APOIO

- DESTAQUE AS FIGURAS DA **PÁGINA 3** DO MATERIAL DE APOIO E COLE-AS NOS LUGARES ADEQUADOS.

ESTE É O QUARTO DE BRUNO

- DIGA O NOME DE ALGUMAS COISAS QUE VOCÊ VÊ NESTE QUARTO.
- DESCUBRA TRÊS COISAS QUE TÊM A MESMA FORMA.
- PINTE DA MESMA COR OS OBJETOS QUE TÊM A MESMA FORMA.

- PINTE DE (verde) O NÚMERO QUE INDICA A QUANTIDADE DE BOLAS DESTE QUARTO.
- PINTE DE (laranja) O NÚMERO QUE INDICA A QUANTIDADE DE DADOS DESTE QUARTO.

1 2 3 4 5 6 7 8 9 10

ESTA É A COZINHA DA CASA DE CAUÃ

- DIGA O NOME DOS OBJETOS QUE VOCÊ VÊ NESTA COZINHA.

- CONTORNE COM LÁPIS DE COR ▬▬ OS OBJETOS QUE NÃO FAZEM PARTE DE UMA COZINHA.

OS BRINQUEDOS DE BETO

ESTES SÃO ALGUNS DOS BRINQUEDOS DE BETO.

- AGRUPE, COM UM TRAÇO, OS BRINQUEDOS QUE SÃO MEIOS DE TRANSPORTE.
- QUANTOS SÃO?
- FAÇA UM **X** NO BRINQUEDO QUE NÃO FAZ PARTE DESSE GRUPO.

OS DADOS DE SOFIA E ANA

MATERIAL DE APOIO

SOFIA E ANA GOSTAM DE BRINCAR COM DADOS.

- DESTAQUE AS FIGURAS DA **PÁGINA 5** DO MATERIAL DE APOIO.
- COLE-AS NO LUGAR INDICADO.

NÚMEROS

LETRAS

É IMPORTANTE SE ORGANIZAR

CAUÃ GOSTA DE COLOCAR CADA BRINQUEDO EM SEU LUGAR. VOCÊ TAMBÉM GOSTA DE ORGANIZAR SUAS COISAS?

VEÍCULOS	ANIMAIS

MATERIAL DE APOIO

- DESTAQUE AS FIGURAS DE VEÍCULOS E ANIMAIS DA **PÁGINA 7** DO MATERIAL DE APOIO E COLE-AS NOS LUGARES INDICADOS.

AS ROUPAS DE SOFIA

SOFIA GOSTA DE ROUPAS BEM COLORIDAS. ELA SEMPRE GUARDA SUAS ROUPAS SEPARADAS PELA COR.

E VOCÊ, TAMBÉM GOSTA DE ROUPAS COLORIDAS? COSTUMA SEPARÁ-LAS PELA COR?

- OBSERVE ESTES DOIS GRUPOS DE ROUPAS DE SOFIA.

- EM CADA GRUPO, PINTE A ROUPA QUE FALTA COLORIR COM A COR CORRESPONDENTE.

ANA TEM ROUPAS DE FRIO E DE CALOR

- CONTORNE COM LÁPIS DE COR AS ROUPAS QUE VOCÊ USA QUANDO ESTÁ CALOR.

- CONTORNE COM LÁPIS DE COR AS ROUPAS QUE VOCÊ USA QUANDO FAZ FRIO.

OS CALÇADOS DE LIA E BETO

ESTES SÃO OS CALÇADOS DE LIA E BETO.

MATERIAL DE APOIO

- DESTAQUE AS FIGURINHAS DA **PÁGINA 7** DO MATERIAL DE APOIO.
- COLE-AS NESSES QUADROS, SEPARANDO-AS COMO QUISER.

OS BOTÕES DAS ROUPAS

ANA E MANUELA DESCOBRIRAM QUE HÁ BOTÕES DE TODAS AS FORMAS, TAMANHOS E CORES.

- CONTORNE COM GIZ DE CERA ▬ TODOS OS BOTÕES COM FORMAS QUE LEMBRAM O TRIÂNGULO.
- COLOQUE UM **X** NOS BOTÕES ▬.
- COLOQUE UMA ● NOS BOTÕES PEQUENOS.
- QUANTOS SÃO OS BOTÕES PEQUENOS? ☐

MATERIAL DE APOIO

REGRAS

1. DESTAQUE AS FIGURINHAS DA **PÁGINA 9** DO MATERIAL DE APOIO.
2. EMBARALHE TODAS ELAS E COLOQUE-AS VIRADAS PARA BAIXO SOBRE A MESA.
3. JOGUE UM DADO. QUEM TIVER O MENOR NÚMERO COMEÇA.
4. DESVIRE DUAS FIGURINHAS. SE UMA FIGURINHA TIVER UM GRUPO DE ANIMAIS DA MESMA ESPÉCIE E A OUTRA TIVER APENAS UM ANIMAL, MAS DE UMA ESPÉCIE QUE SE ENCAIXE NAQUELE GRUPO, O PARTICIPANTE FICA COM AS DUAS FIGURINHAS.
5. SE AO VIRAR AS DUAS FIGURINHAS NÃO FOR POSSÍVEL ENCAIXAR UM ANIMAL EM UM GRUPO, O PARTICIPANTE RECOLOCA AS DUAS FIGURINHAS VIRADAS PARA BAIXO E PASSA A VEZ PARA O OUTRO.
6. AO TERMINAR AS FIGURINHAS DA MESA, GANHA O JOGO QUEM TIVER MAIS FIGURINHAS.

UNIDADE 2

BRINQUEDOS E BRINCADEIRAS

NÚMEROS DE 1 A 6

- LIGUE AS MÃOS AOS NÚMEROS.

4 5 2 6 3 1

- ESCREVA O NÚMERO TOTAL DE PONTOS DE CADA PEÇA DO DOMINÓ.

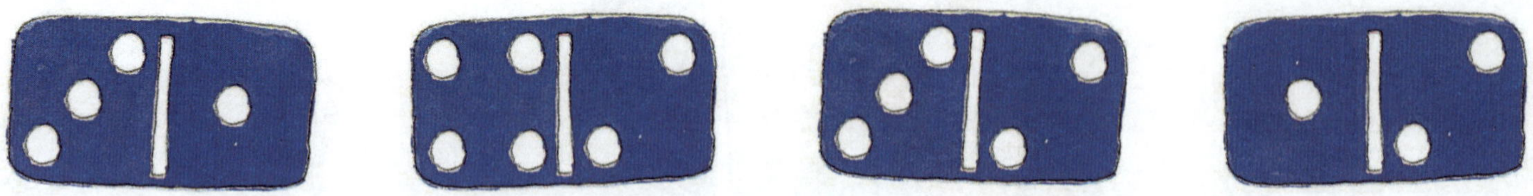

NÚMEROS. VAMOS ESCREVER?

- CONTE E CUBRA OS NÚMEROS COM CANETA HIDROCOR.

1 2 3

UM DOIS TRÊS

1 1

2 2

3 3

- ESCREVA O NÚMERO DE ACORDO COM A QUANTIDADE DE ELEMENTOS EM CADA GRUPO.

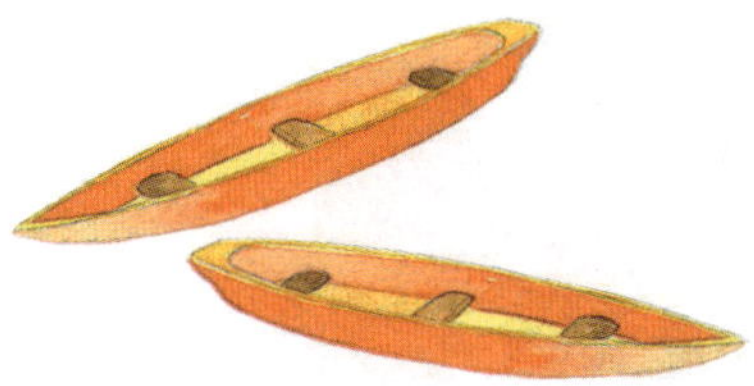

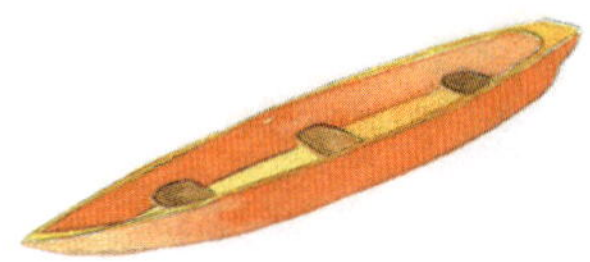

NÚMEROS 4, 5 E 6. VAMOS ESCREVER?

- CONTE E CUBRA OS NÚMEROS COM CANETA HIDROCOR.

INDIOZINHOS

1, 2, 3 INDIOZINHOS
4, 5, 6 INDIOZINHOS...

CANTIGA POPULAR.

4 5 6

QUATRO CINCO SEIS

4 4

5 5

6 6

- ESCREVA O NÚMERO DE ACORDO COM A QUANTIDADE DE ELEMENTOS EM CADA GRUPO.

QUANTOS CARRINHOS?

- COLOQUE OS NÚMEROS 1, 2, 3, 4, 5 E 6 NOS QUADRINHOS DE ACORDO COM A QUANTIDADE DE CARRINHOS.

4, 5, 6... VAMOS CONTAR OUTRA VEZ?

- INDIQUE A QUANTIDADE DE BRINQUEDOS EM CADA GRUPO COM OS NÚMEROS 4, 5 E 6.

- CONTORNE OS GRUPOS QUE TÊM MAIS BRINQUEDOS.

BRINCANDO DE CARRINHO

A CORRIDA ESTÁ TERMINANDO. VEJA A POSIÇÃO DE CADA CARRINHO.

- PINTE O QUADRINHO DE ACORDO COM A COR DO CARRINHO. PARA ISSO, OBSERVE A ORDEM DE CHEGADA.

NÚMEROS E MEDIDAS

- QUANTOS PALMOS TEM ESTA CORDA?

- FAÇA UM **X** NO QUADRINHO DO SACO MAIS PESADO.

- CONTORNE A GARRAFA EM QUE CABE MAIS LÍQUIDO.

ONDE HÁ MAIS? ONDE HÁ MENOS?

- QUANTAS SÃO AS PETECAS? E OS MENINOS? REGISTRE NOS QUADRINHOS.
- HÁ MAIS PETECAS OU MAIS MENINOS? PINTE O GRUPO COM MAIS ELEMENTOS.
- COMO VOCÊ SABE SE HÁ MAIS PETECAS OU MAIS MENINOS? CONVERSE COM OS COLEGAS.

- QUANTAS SÃO AS BOLAS? E AS MENINAS? REGISTRE NOS QUADRINHOS.
- QUAL É O GRUPO QUE TEM MENOS ELEMENTOS? PINTE-O.
- COMO VOCÊ SABE SE HÁ MENOS BOLAS OU MENOS BONECAS? CONVERSE COM OS COLEGAS.

DEPOIS DO 6 VÊM O 7, O 8 E O 9

A TURMA ADORA BRINCAR COM BOLAS COLORIDAS.

7 BOLAS
SETE

8 BOLAS
OITO

9 BOLAS
NOVE

- CONTE, EM VOZ ALTA, A QUANTIDADE DE BOLAS QUE HÁ EM CADA GRUPO. APONTE PARA CADA BOLA ENQUANTO CONTA.

VAMOS CONTAR E COLAR?

MATERIAL DE APOIO

- DESTAQUE AS FIGURAS DA **PÁGINA 11** DO MATERIAL DE APOIO.
- CONTE QUANTOS ELEMENTOS HÁ EM CADA UMA DELAS. DEPOIS, COLE-AS CORRETAMENTE NOS QUADROS.

7	8	9
7	8	9

VAMOS LIGAR?

- CONTE E LIGUE CORRETAMENTE CADA GRUPO DE BRINQUEDOS A UM NÚMERO.

7 | 8 | 9

NÚMEROS 7, 8 E 9. VAMOS ESCREVER?

- CONTE E CUBRA OS NÚMEROS COM CANETA HIDROCOR.

7	8	9
SETE	OITO	NOVE

77	88	99

- ESCREVA O NÚMERO DE ACORDO COM A QUANTIDADE DE ELEMENTOS EM CADA GRUPO.

NÚMEROS DE 6 A 9

- CONTE OS ELEMENTOS E PINTE O NÚMERO CORRETO EM CADA GRUPO.

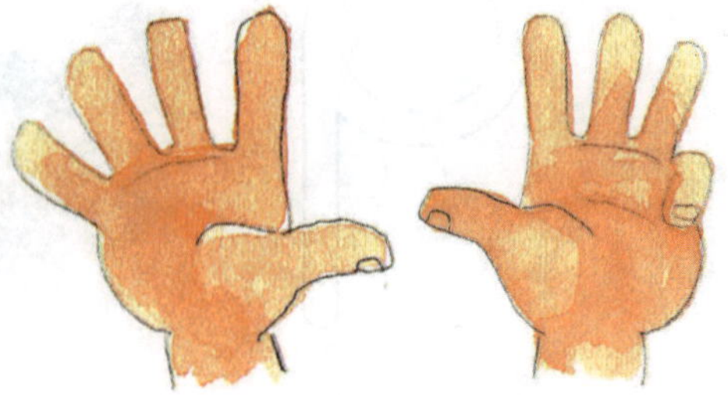

8 6 7

8 9 6

9 7 8

- CONTE E ESCREVA O NÚMERO DE ELEMENTOS EM CADA GRUPO.

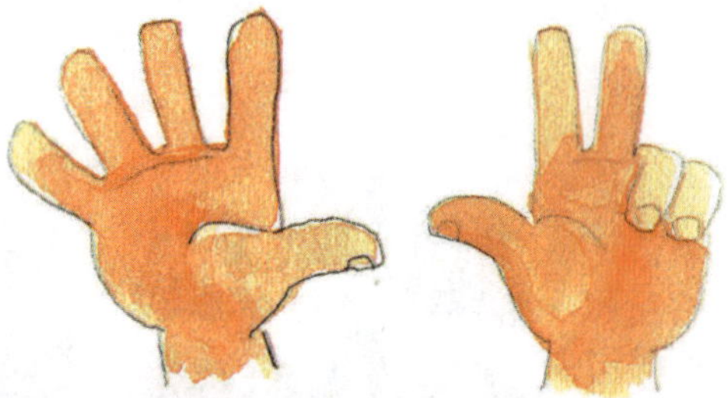

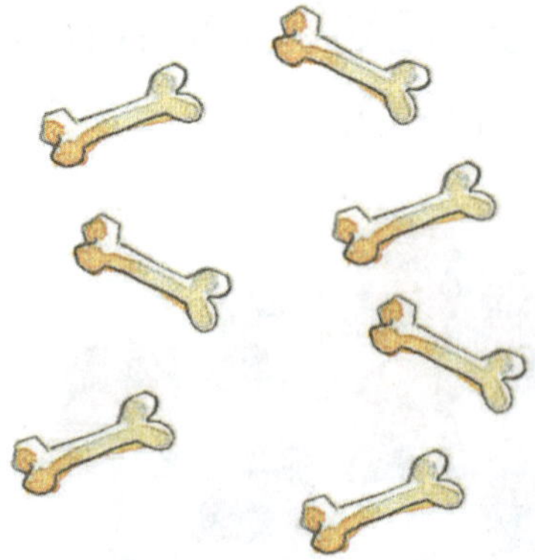

NÚMEROS DE 1 A 9

- OBSERVE OS QUADROS, CONTE OS ELEMENTOS E ESCREVA O NÚMERO.

HAPPY TOGETHER/SHUTTERSTOCK

ANDREY ARMYAGOV/SHUTTERSTOCK

GJERMUND/SHUTTERSTOCK

GRASHALEX/SHUTTERSTOCK

ANDREY ARMYAGOV/SHUTTERSTOCK

HAPPY TOGETHER/SHUTTERSTOCK

CONTANDO ATÉ 9

- OBSERVE A CENA. QUANTOS BALÕES CADA GRUPO TEM? REGISTRE NOS QUADRINHOS.
- QUAL GRUPO TEM 9 BALÕES? CONTORNE-O.
- QUAIS GRUPOS TÊM MENOS DO QUE 9 BALÕES? MARQUE COM **X**.

- QUANTOS BALÕES HÁ EM CADA GRUPO? ESCREVA O NÚMERO NO QUADRINHO.

O NÚMERO ZERO (0)

- OBSERVE AS TRÊS CENAS.

2 PASSARINHOS
NO GALHO.
1 VOA E VAI EMBORA.

FICOU 1 PASSARINHO
NO GALHO.
1 VOA E VAI EMBORA.

NÃO FICOU NENHUM
PASSARINHO
NO GALHO.

- CONTE QUANTOS PASSARINHOS HÁ EM CADA CENA.
- CUBRA O NÚMERO ZERO E ESCREVA-O. SIGA AS SETAS.

0 0

0

ZERO

SUGESTÃO DE CD

COLETÂNEA DE MÚSICAS INFANTIS, DE BIA BEDRAN. OUÇA A CANÇÃO "O FOGUETE" COM OS ALUNOS.

NÚMERO 10. VAMOS ESCREVER?

- CONTE OS INDIOZINHOS NA CANOA E CUBRA O NÚMERO COM CANETA HIDROCOR.

10

DEZ

INDIOZINHOS

1, 2, 3 INDIOZINHOS
4, 5, 6 INDIOZINHOS
7, 8, 9 INDIOZINHOS
10 NO PEQUENO BOTE.
IAM NAVEGANDO PELO RIO ABAIXO,
QUANDO O JACARÉ SE APROXIMOU
E O PEQUENO BOTE DOS INDIOZINHOS
QUASE, QUASE VIROU.

CANTIGA POPULAR.

10 10

- ESCREVA O NÚMERO DE ACORDO COM A QUANTIDADE DE ELEMENTOS EM CADA GRUPO.

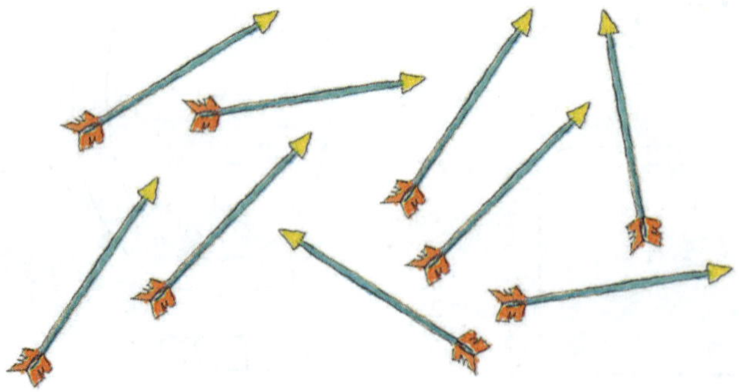

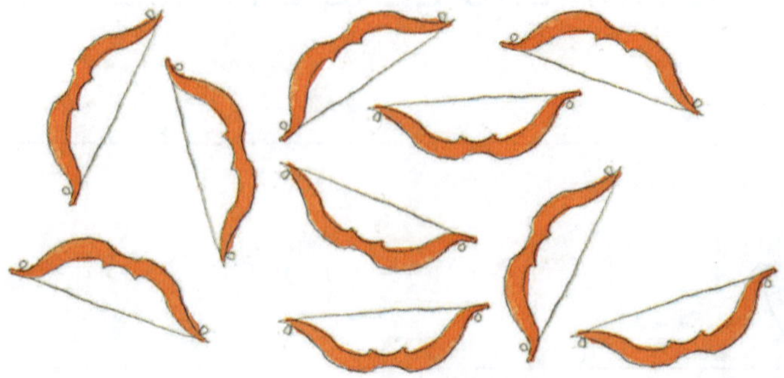

NOSSOS DEDOS

VAMOS CONTAR OS DEDOS DAS NOSSAS DUAS MÃOS?

- MOLHE SUAS DUAS MÃOS COM TINTA GUACHE E CARIMBE-AS NOS QUADROS.

- CONTE QUANTOS DEDOS TEMOS NAS DUAS MÃOS.
- AGORA CONTE QUANTOS DEDOS TEMOS NOS DOIS PÉS.

NÚMEROS DE 0 A 10

- OBSERVE OS QUADROS, CONTE OS ELEMENTOS E ESCREVA O NÚMERO NO QUADRINHO.

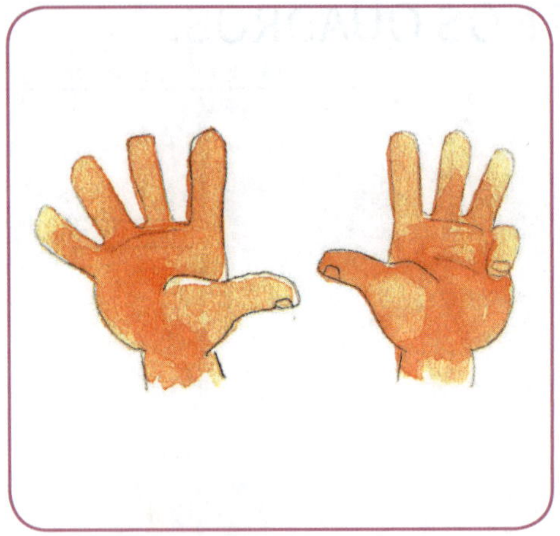

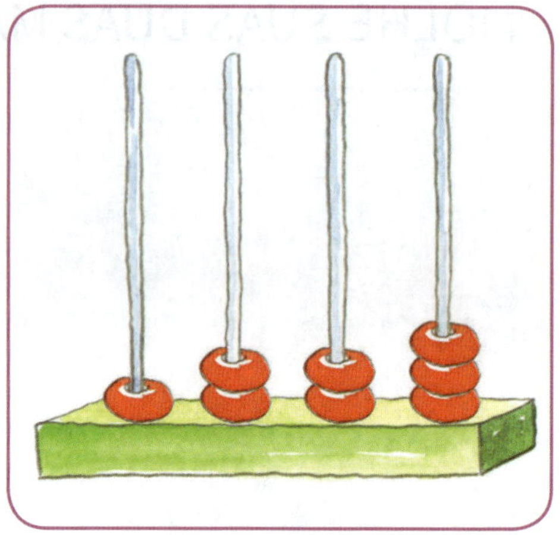

NÚMEROS NO CELULAR E NA CALCULADORA

* COMPLETE A SEQUÊNCIA DE NÚMEROS EM CADA OBJETO.

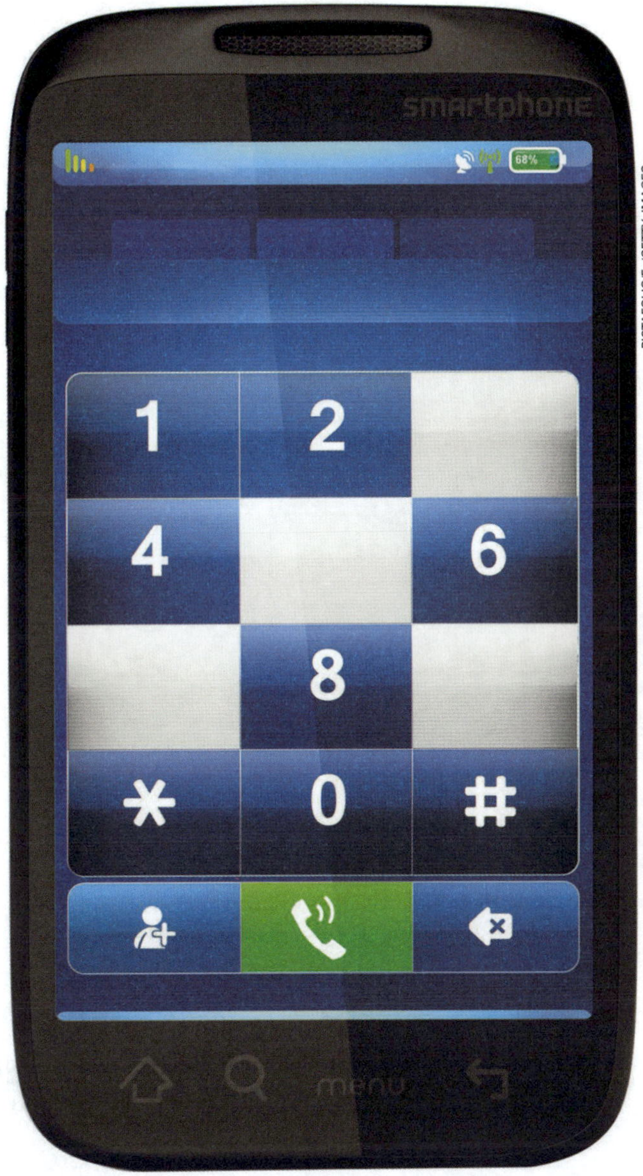

PICTAFOLIO/E+/GETTY IMAGES

VITALY KOROVIN/SHUTTERSTOCK

QUANTOS ANIMAIS!

BRUNO E SUA TURMA FORAM PASSEAR EM UM SÍTIO E VIRAM MUITOS ANIMAIS.

- OBSERVE A CENA E CONTE QUANTOS ANIMAIS HÁ DE CADA TIPO.
- DEPOIS, PINTE UM QUADRINHO PARA CADA ANIMAL.

10				
9				
8				
7				
6				
5				
4				
3				
2				
1				

CONTANDO MOEDAS

ESTA É A MOEDA DE 1 REAL.

FOTOS: REPRODUÇÃO/ CASA DA MOEDA DO BRASIL/ MINISTÉRIO DA FAZENDA

1 REAL

- LIGUE O COFRINHO À QUANTIA CORRESPONDENTE.

9 REAIS

7 REAIS

5 REAIS

MAIS DINHEIRO

ALÉM DA MOEDA DE 1 REAL, TEMOS AS NOTAS COM VALORES MAIORES.

FOTOS: REPRODUÇÃO/CASA DA MOEDA DO BRASIL/MINISTÉRIO DA FAZENDA

- CONTORNE A NOTA DE 2 REAIS.
- FAÇA UM **X** NA NOTA DE 5 REAIS.
- FAÇA UMA ● NA NOTA DE 10 REAIS.

LIA TEM  E BRUNO TEM .

- ELES TÊM QUANTIAS IGUAIS OU NÃO? POR QUÊ?

SEQUÊNCIA DOS NÚMEROS DE 0 A 10

OBSERVE A RETA NUMÉRICA.

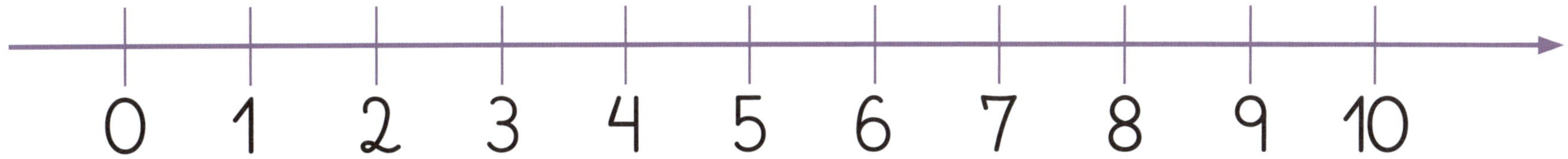

- ESCREVA O PRÓXIMO NÚMERO EM CADA SEQUÊNCIA.

1, 2, ___

3, 4, ___

4, 5, ___

6, 7, ___

7, 8, ___

5, 6, ___

0, 1, ___

8, 9, ___

- ESCREVA OS NÚMEROS QUE ESTÃO FALTANDO EM CADA SEQUÊNCIA.

0, 1, 2, ___, 4, ___, 6, 7, ___, 9, 10

0, ___, 2, 3, ___, ___, ___, 7, ___, ___, ___

BRINCANDO COM O DOMINÓ

MATERIAL DE APOIO

REGRAS

1. DESTAQUE AS PEÇAS DA **PÁGINA 13** DO MATERIAL DE APOIO.
2. AS PEÇAS DEVEM SER BEM MISTURADAS E COLOCADAS SOBRE A MESA COM OS PONTOS VIRADOS PARA BAIXO.
3. CADA PARTICIPANTE DEVE, NA SUA VEZ, VIRAR DUAS PEÇAS. SE O NÚMERO DE PONTOS FOR O MESMO NAS DUAS PEÇAS, ELE FICA COM O PAR DE PEÇAS. SE NÃO FOR, ELE DESVIRA AS PEÇAS.
4. VENCE O JOGO QUEM CONSEGUIR FORMAR PRIMEIRO TRÊS PARES DE PEÇAS.

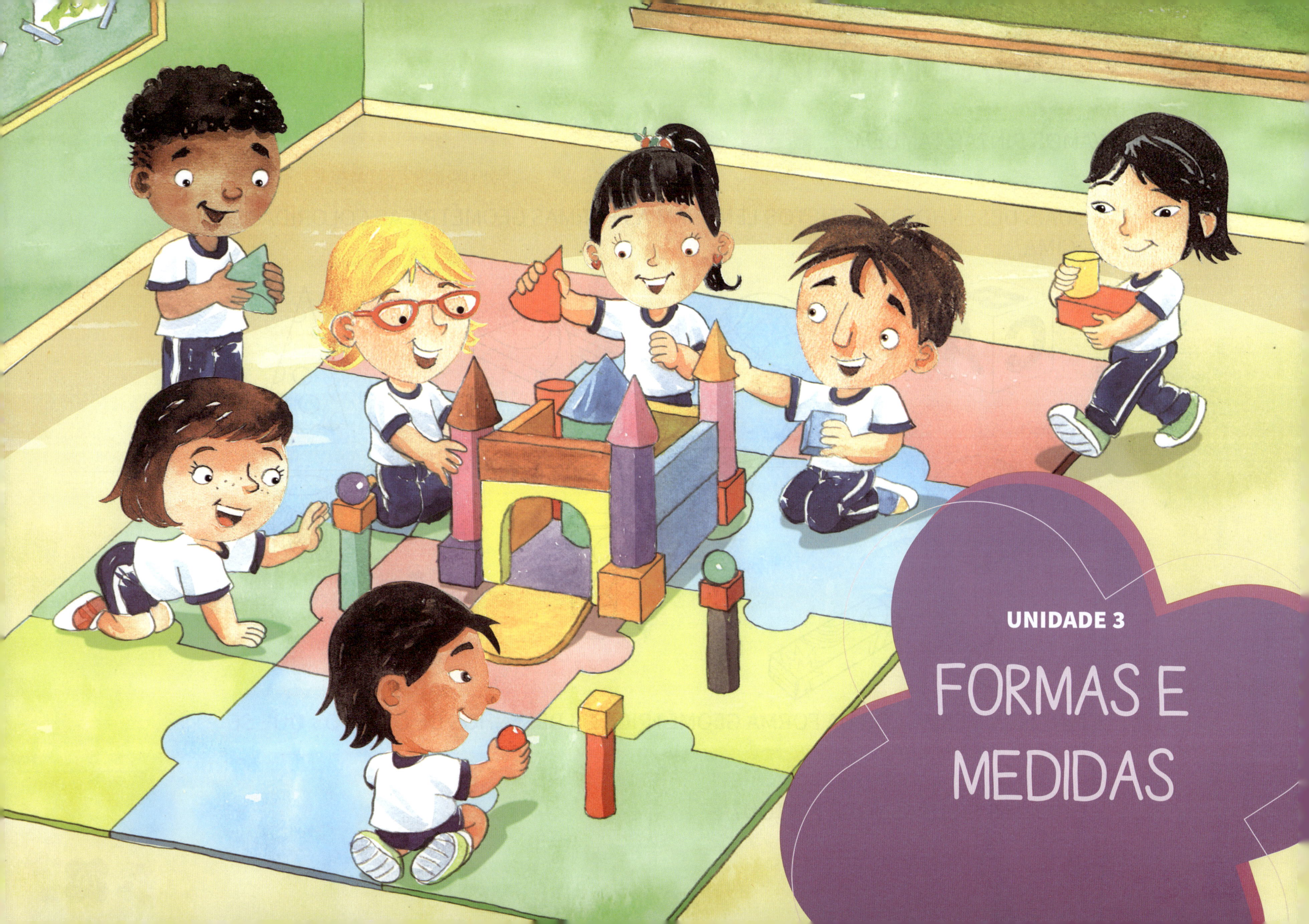

UNIDADE 3

FORMAS E MEDIDAS

SOFIA GOSTA DE PINTAR

VAMOS PINTAR TAMBÉM?

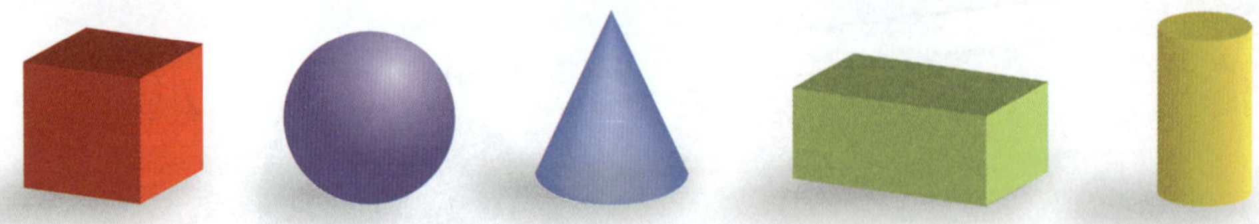

- QUAIS DESENHOS DE OBJETOS LEMBRAM AS FORMAS GEOMÉTRICAS COLORIDAS ACIMA?

- PINTE DA MESMA COR DA FORMA GEOMÉTRICA OS DESENHOS DE OBJETOS QUE SE PARECEM COM ELA.

- QUANTAS FIGURAS VOCÊ PINTOU?

SE TIVER A MESMA FORMA, É SÓ LIGAR

- OBSERVE ESTES OBJETOS E LIGUE OS QUE TÊM A MESMA FORMA.

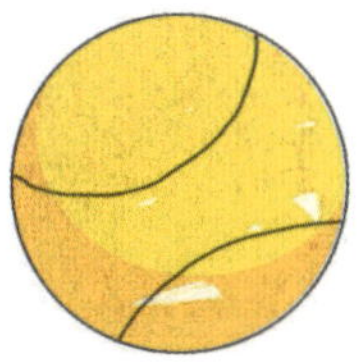

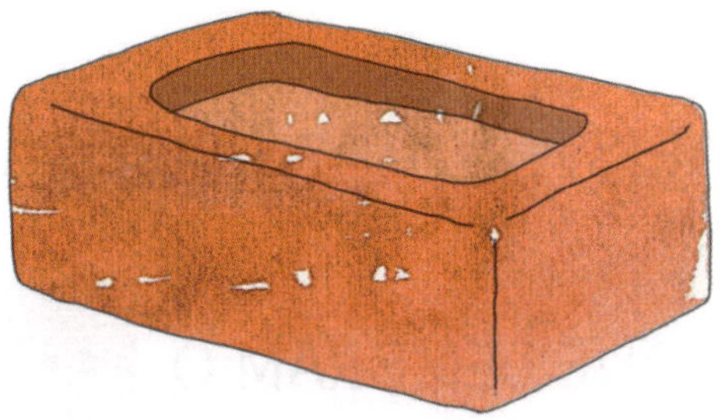

ESTA É A SALA DA CASA DE BRUNO

VEJA QUANTOS OBJETOS HÁ NA SALA DA CASA DE BRUNO.

- CONTORNE COM LÁPIS AS FIGURAS QUE LEMBRAM LEMBRAM O  .
- QUANTAS FIGURAS QUE LEMBRAM O  VOCÊ CONTORNOU?
- CONTORNE COM LÁPIS AS FIGURAS QUE LEMBRAM O  .
- QUANTAS FIGURAS QUE LEMBRAM O  VOCÊ CONTORNOU?

NÚMEROS DE 0 A 10

- CONTE A QUANTIDADE DE LÁPIS DE CADA CAIXA E LIGUE-A AO NÚMERO CORRESPONDENTE.

0 1 2 3 4 5 6 7 8 9 10

OBJETOS QUE TÊM A MESMA FORMA

ANA QUER DESCOBRIR OS OBJETOS QUE TÊM A MESMA FORMA. VAMOS AJUDÁ-LA?

- PINTE DE  OS OBJETOS QUE TÊM A MESMA FORMA DESTA CAIXA  .
- PINTE DE  OS OBJETOS QUE TÊM A MESMA FORMA DESTA BOLA 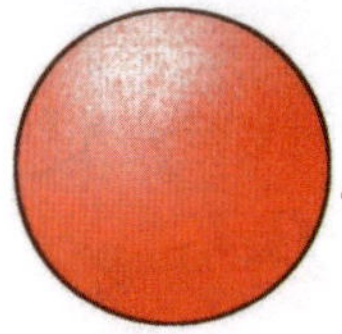 .
- SOBROU ALGUM OBJETO SEM PINTAR? POR QUÊ? CONTORNE-O.

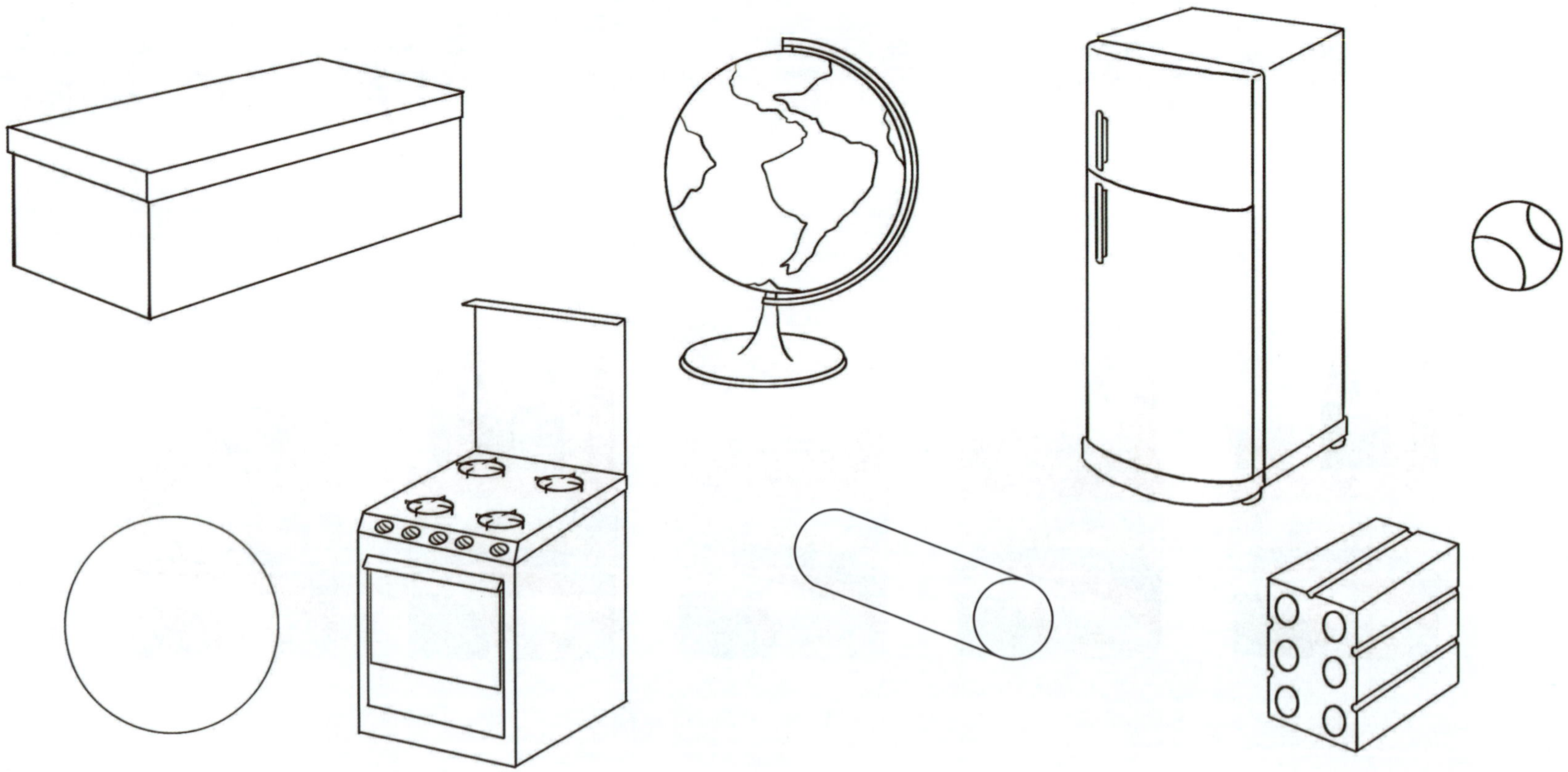

AGORA É A VEZ DE LIA

AJUDE LIA A DESCOBRIR OS OBJETOS QUE TÊM A MESMA FORMA.

- PINTE DE ▬▬ OS OBJETOS QUE TÊM A MESMA FORMA DESTA LATA 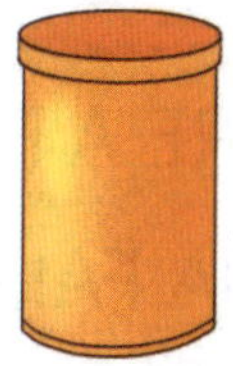 .
- PINTE DE ▬▬ OS OBJETOS QUE TÊM A MESMA FORMA DESTE DADO  .
- SOBROU ALGUM OBJETO SEM PINTAR? POR QUÊ? CONTORNE-O.

PROCURANDO FIGURAS PARECIDAS

- OBSERVE A FORMA DO OBJETO DESTACADO EM CADA QUADRO.
- COMPARE A FORMA DELE COM A FORMA DAS FIGURAS GEOMÉTRICAS DA MESMA FAIXA.
- EM CADA FAIXA, CONTORNE A FIGURA QUE TEM A MESMA FORMA DO OBJETO EM DESTAQUE.

VAMOS COLAR?

MATERIAL DE APOIO

- DESTAQUE AS FICHAS DA **PÁGINA 15** DO MATERIAL DE APOIO E COLE ABAIXO DA FIGURA GEOMÉTRICA QUE TEM A MESMA FORMA.

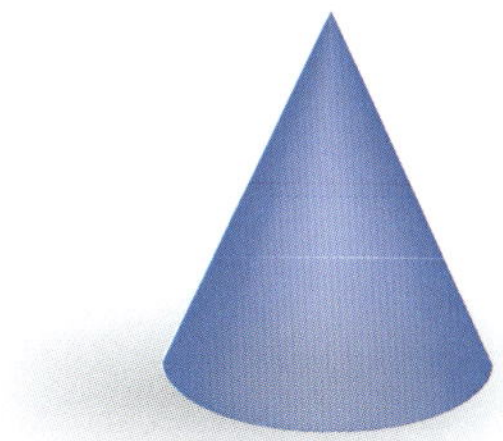

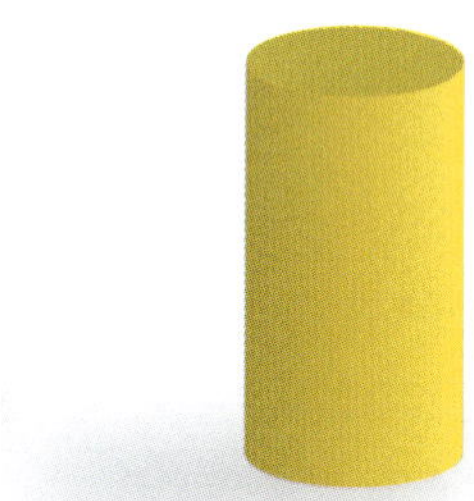

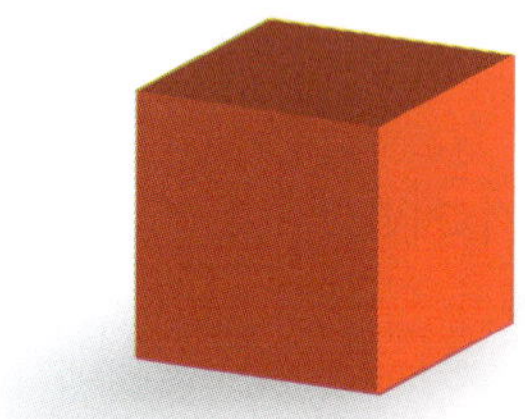

ONDE CABE MAIS LÍQUIDO?

VAMOS AJUDAR MANUELA A DESCOBRIR ONDE CABE MAIS LÍQUIDO.

- EM CADA PARTE, CONTORNE O OBJETO EM QUE **CABE MAIS** LÍQUIDO.

ONDE CABE MENOS LÍQUIDO?

SOFIA QUER SABER ONDE CABE MENOS LÍQUIDO. VAMOS AJUDÁ-LA?
EM CADA QUADRO:

- CONTORNE O OBJETO EM QUE **CABE MENOS LÍQUIDO**.
- FAÇA UM **X** NO OBJETO EM QUE **CABE MAIS LÍQUIDO**.

VAMOS DESENHAR?

BRUNO E SEUS PAIS FORAM À PRAIA COM SEUS AMIGOS.

- DESENHE UM BALDINHO EM QUE CAIBA **MAIS** ÁGUA DO QUE NESTE.

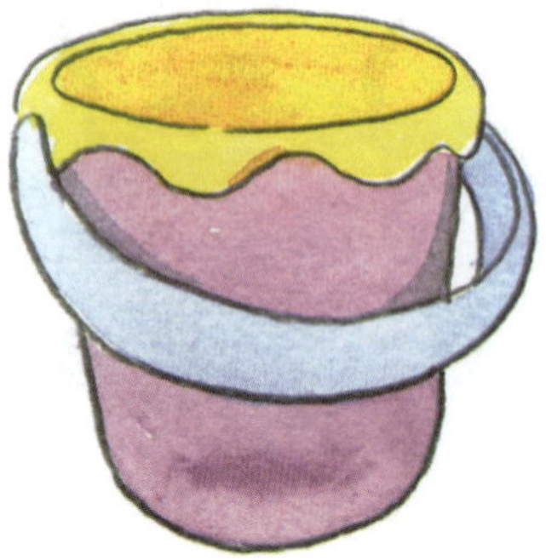

- DESENHE UM COPO EM QUE CAIBA **MENOS** ÁGUA DO QUE NESTE.

QUE DELÍCIA! É HORA DO SUCO

A MÃE DE CAUÃ FEZ UM SUCO DE UVA DELICIOSO.
VOCÊ GOSTA DE SUCO DE UVA?

- CONTORNE O COPO QUE ESTÁ **CHEIO** DE SUCO.
- FAÇA UM **X** NO COPO QUE ESTÁ **VAZIO**.
- COLOQUE UMA ● NO COPO QUE ESTÁ **PELA METADE**.

VAMOS LIGAR?

LIA E SEUS AMIGOS JUNTARAM MUITOS VASILHAMES.
VAMOS AJUDÁ-LOS A DESCOBRIR QUANTO CABE EM CADA UM DELES?

5	0	6	1	7	2	8	3	9	4	10

- LIGUE CORRETAMENTE CADA VASILHAME AO NÚMERO QUE INDICA SUA CAPACIDADE.

BETO GOSTA MUITO DE ROBÔS

E VOCÊ, TAMBÉM GOSTA DE ROBÔS? VAMOS PINTAR UM ROBÔ?

- OBSERVE ONDE ESTÃO ESTAS FORMAS NO ROBÔ: 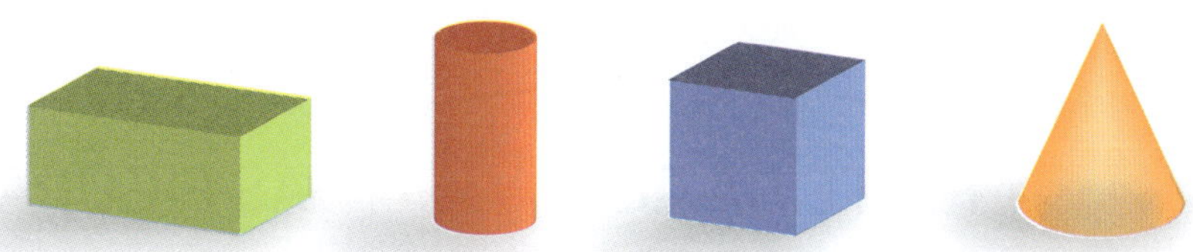 .
- PINTE AS FORMAS DO ROBÔ DA MESMA COR QUE ESSAS FORMAS.
- QUANTOS  VOCÊ PINTOU?

ROLA OU NÃO ROLA?

MANUELA E BRUNO ESTÃO BRINCANDO.

MARQUE COM UM **X** O OBJETO QUE LEMBRA A FORMA DE 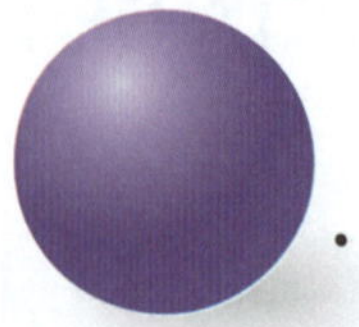.

CONTORNE O OBJETO QUE TEM A FORMA DE .

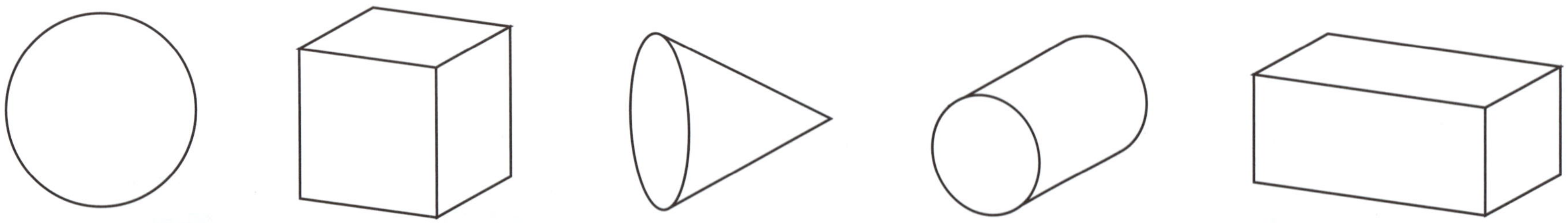

- PINTE DA COR ▬▬ AS FIGURAS QUE SÃO REDONDAS E QUE, POR ISSO, PODEM ROLAR.
- PINTE DA COR ▬▬ AS FIGURAS QUE NÃO SÃO REDONDAS E QUE, POR ISSO, NÃO ROLAM.

LIA DESCOBRIU OUTROS TIPOS DE FIGURA

VAMOS AJUDAR LIA A ENCONTRAR AS FIGURAS?

- CUBRA O TRACEJADO EM CADA FIGURA.
- LIGUE OS SÓLIDOS A CADA FIGURA PLANA CORRESPONDENTE.

ANA QUER SABER QUEM É MAIS PESADO

OS COLEGAS DE ANA ESTÃO BRINCANDO NO PARQUINHO.
EM CADA GANGORRA:

- CONTORNE A CRIANÇA **MAIS PESADA**.
- FAÇA UM **X** NA CRIANÇA **MAIS LEVE**.

O QUE PESA MAIS?

MANUELA E BETO ESTAVAM BRINCANDO COM OS MATERIAIS ESCOLARES E QUISERAM DESCOBRIR QUAIS DELES PESAVAM MAIS. VAMOS AJUDÁ-LOS?

- EM CADA QUADRO, CONTORNE O QUE PESA **MAIS**.

BRINCANDO COM A BALANÇA

MATERIAL DE APOIO

BETO E ANA ESTÃO BRINCANDO COM A BALANÇA. ELES VÃO COLAR FIGURAS. VAMOS AJUDÁ-LOS?

- DESTAQUE AS FIGURAS DA **PÁGINA 15** DO MATERIAL DE APOIO.
- COLE CORRETAMENTE AS FIGURAS NOS QUADROS.

É MAIS PESADO DO QUE

É MAIS LEVE DO QUE

QUAL É MAIS LEVE?

SOFIA E LIA FORAM AO ZOOLÓGICO E QUERIAM SABER QUAL ANIMAL É MAIS PESADO.

- CONTORNE O ANIMAL QUE ESTÁ **MAIS PESADO** NA BALANÇA.

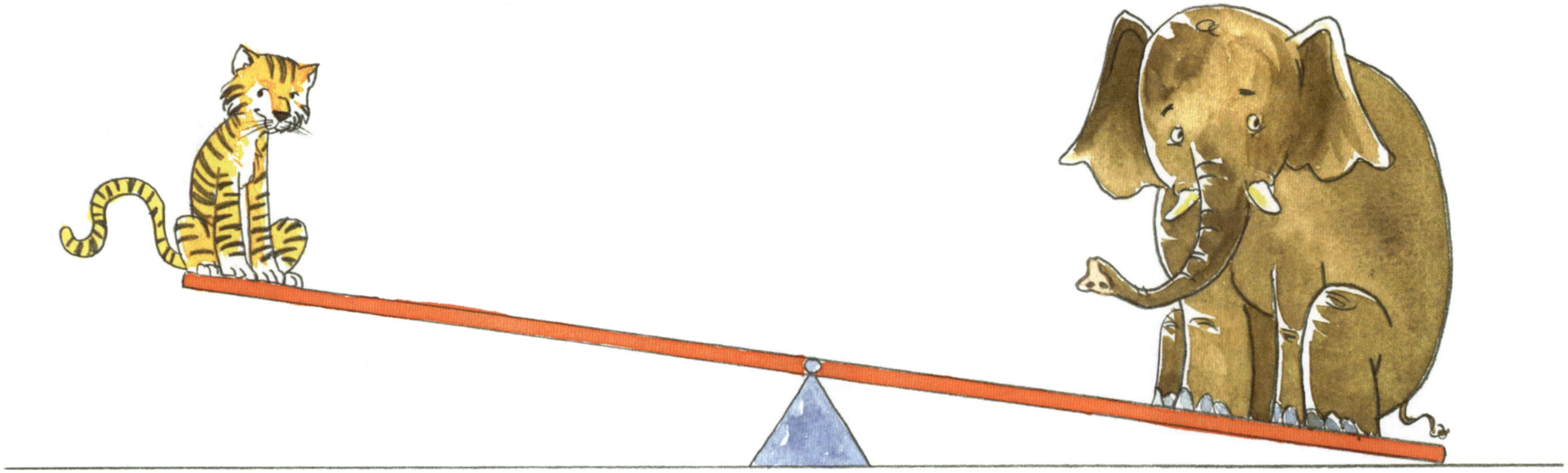

- CONTORNE O ANIMAL QUE ESTÁ **MAIS LEVE** NA BALANÇA.

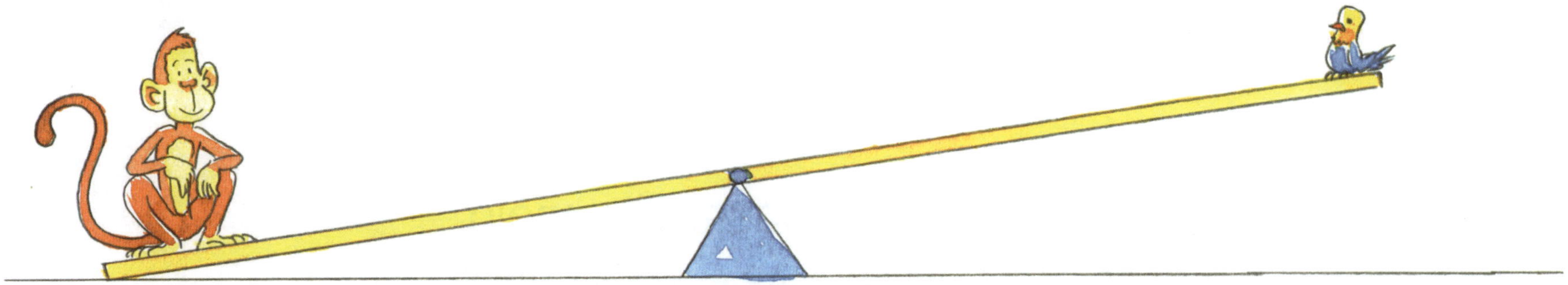

CONSTRUINDO FIGURAS

OBSERVE O QUE LIA E SEUS AMIGOS ESTÃO FAZENDO.

MATERIAL DE APOIO

- DESTAQUE AS PEÇAS DA **PÁGINA 17** DO MATERIAL DE APOIO.
- COLE FIOS DE LÃ COLORIDOS PARA FORMAR ESSAS FIGURAS.

MANUELA ESTÁ CURIOSA

MANUELA QUER SABER O NOME DAS FIGURAS. VAMOS CONHECÊ-LAS?

- LIGUE O SÓLIDO A CADA FIGURA PLANA CORRESPONDENTE.

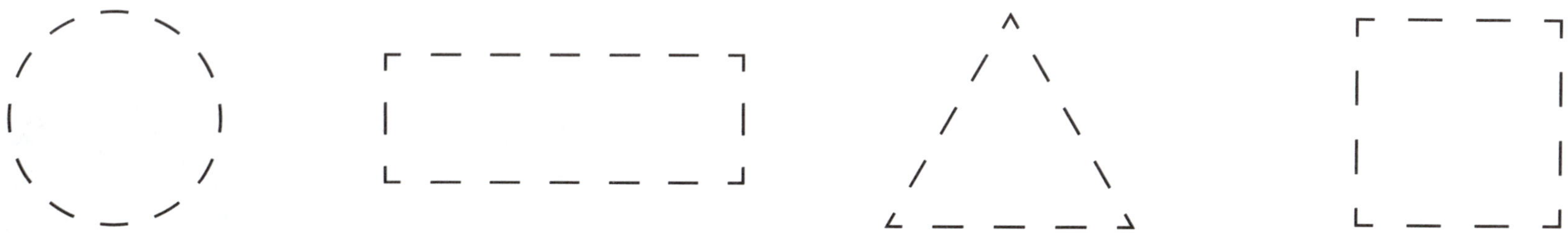

CÍRCULO RETÂNGULO TRIÂNGULO QUADRADO

- PASSE O DEDO EM CIMA DA LINHA TRACEJADA EM CADA FIGURA ENQUANTO FALA O NOME DE CADA FORMA.
- CUBRA A LINHA TRACEJADA DE CADA FIGURA.

SOFIA GOSTA MUITO DE PINTAR

VAMOS PINTAR TAMBÉM?

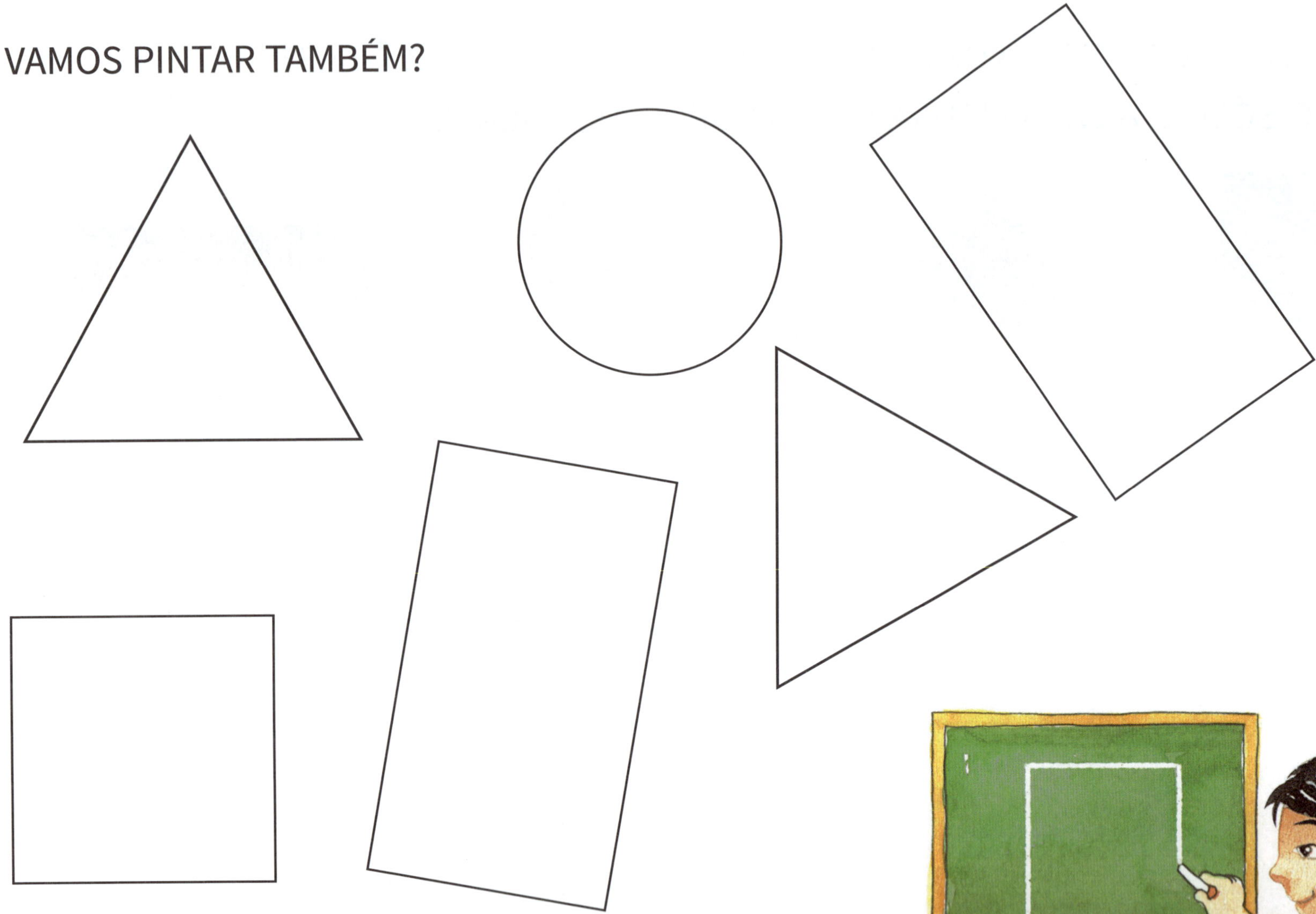

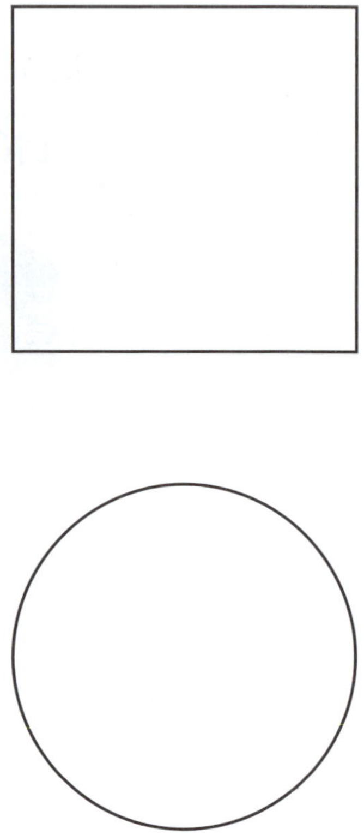

- PINTE OS QUADRADOS DE ______.
- PINTE OS CÍRCULOS DE ______.
- PINTE OS TRIÂNGULOS DE ______.
- PINTE OS RETÂNGULOS DE ______.

SUGESTÃO DE LIVRO

CLACT... CLACT... CLACT... DE LILIANA E MICHELE IACOCCA, ÁTICA.

VAMOS PROCURAR TAMBÉM?

CAUÃ ACHOU DIVERTIDO DESCOBRIR FIGURAS QUE TÊM A MESMA FORMA. AGORA É A SUA VEZ.

- EM CADA FAIXA, CONTORNE A FIGURA QUE TEM A MESMA FORMA DO OBJETO EM DESTAQUE.

R.ASHRAFOV/SHUTTERSTOCK

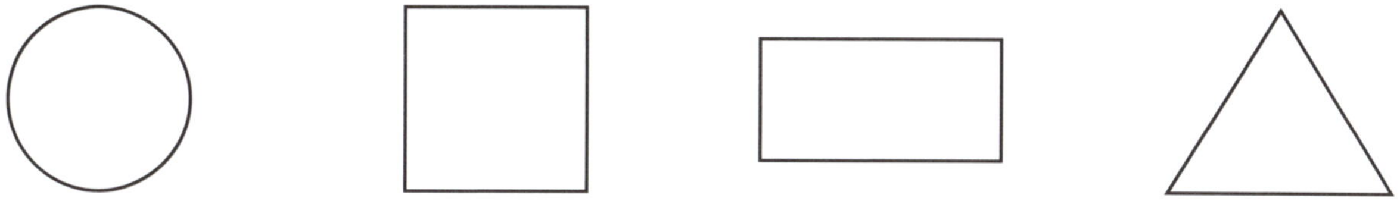

REPRODUÇÃO/CASA DA MOEDA DO BRASIL/ MINISTÉRIO DA FAZENDA

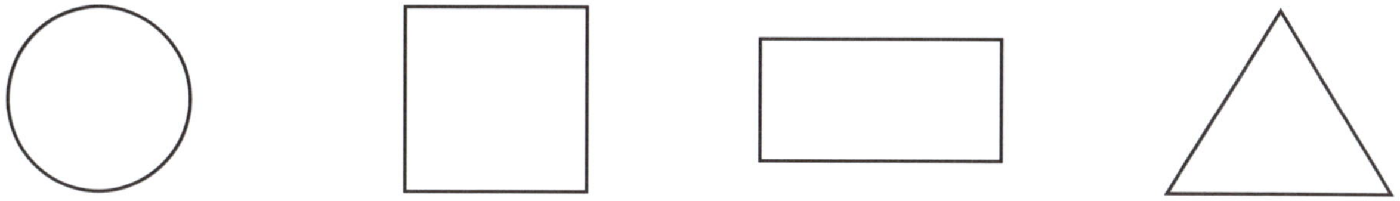

REPRODUÇÃO/EDITORA ÁTICA

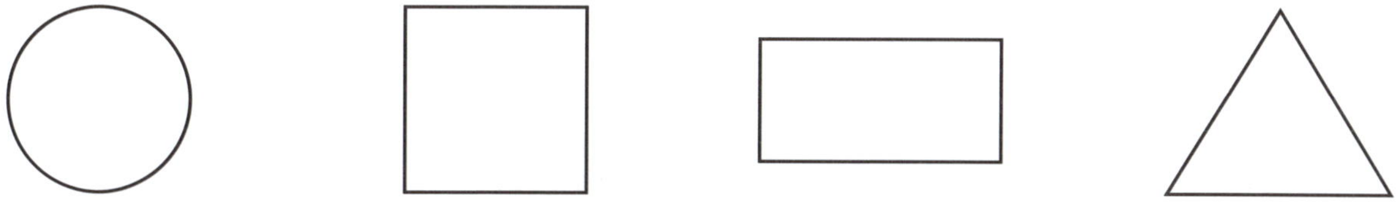

KASPRI/SHUTTERSTOCK/ GLOW IMAGES

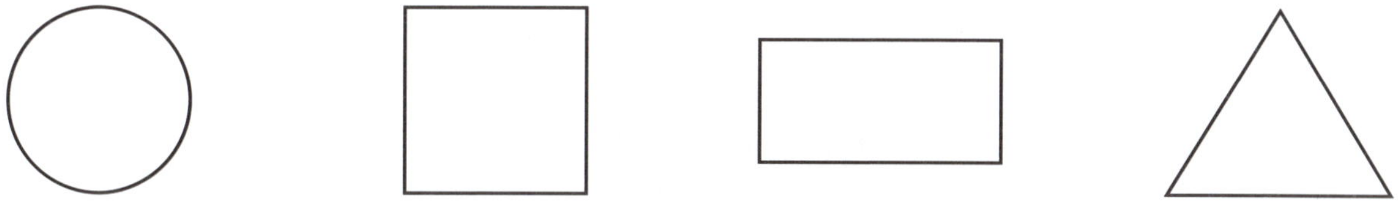

ANA É MUITO CURIOSA

ANA SEMPRE FICA PROCURANDO OBJETOS QUE LEMBRAM FIGURAS GEOMÉTRICAS.

- OBSERVE A FIGURA GEOMÉTRICA DESTACADA EM CADA QUADRO.
- COMPARE A FORMA DAS FIGURAS COM A DOS OBJETOS DO MESMO QUADRO.
- EM CADA QUADRO, CONTORNE OS OBJETOS CUJAS FORMAS LEMBRAM A FIGURA DESTACADA.

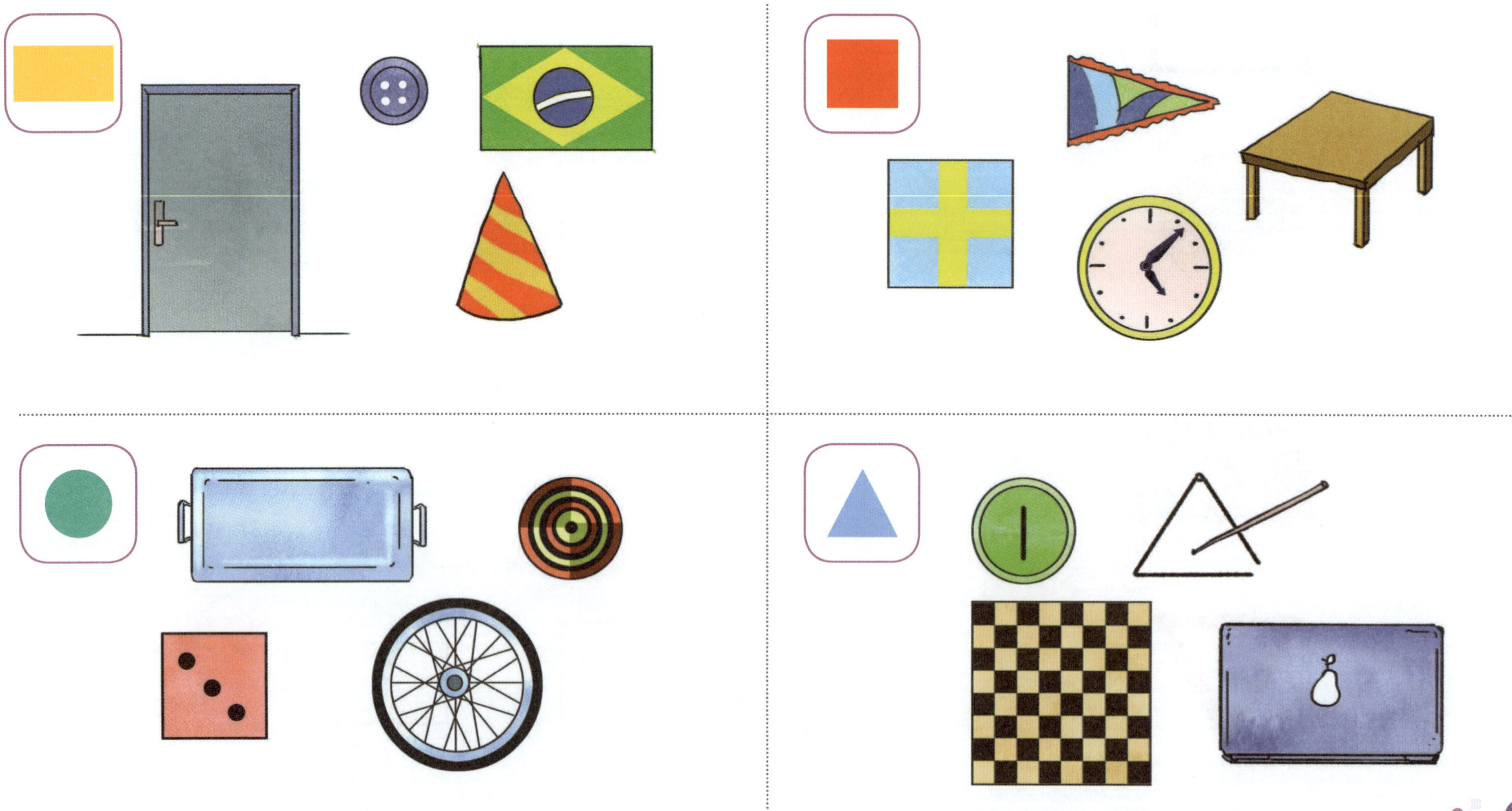

GEOMETRIA E ARTE

A TURMA DA LIA GOSTA MUITO DE ADMIRAR OBRAS DE ARTE QUE TÊM FIGURAS GEOMÉTRICAS.

REPRODUÇÃO/<HTTPS://TCMAGAZINE.WORDPRESS.COM>

- QUANTOS TRIÂNGULOS?
- QUANTOS CÍRCULOS?

CONSTRUINDO UMA CASA

MATERIAL DE APOIO

REGRAS

1. DESTAQUE E MONTE O DADO DA **PÁGINA 19** DO MATERIAL DE APOIO.
2. CADA JOGADOR USA O PRÓPRIO LIVRO E SUAS PEÇAS.
3. NA SUA VEZ, O JOGADOR LANÇA O DADO E COLOCA NA CASA A PEÇA QUE SAIU NO DADO.
4. CASO ESSA PEÇA JÁ TENHA SIDO COLOCADA, ELE PASSA A VEZ.
5. GANHA O JOGO QUEM COMPLETAR PRIMEIRO A CASA COM AS PEÇAS.

O AQUÁRIO DE BRUNO

BRUNO GANHOU UM AQUÁRIO E CONVIDOU SEUS COLEGAS PARA VÊ-LO.

- CONTORNE O PEIXE **MAIS COMPRIDO**.
- FAÇA UM **X** NO PEIXE **MAIS CURTO**.

VAMOS AJUDAR CAUÃ?

CAUÃ ESTAVA BRINCANDO COM OS COLEGAS E A BOLA PAROU EM CIMA DA ÁRVORE. O QUE VOCÊ FARIA PARA PEGAR A BOLA?

- PINTE A ESCADA **MAIS COMPRIDA**.
- CONTORNE A VARA **MAIS CURTA**.

VAMOS COMPARAR COMPRIMENTOS?

MANUELA E BETO ESTÃO BRINCANDO.
OBSERVE BEM CADA QUADRO. O QUE VOCÊ DESCOBRIU?

- CONTORNE O TRENZINHO MAIS COMPRIDO.

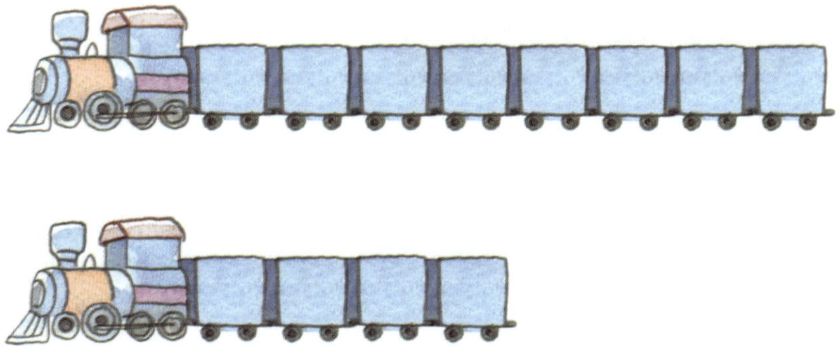

- CONTORNE A BONECA QUE TEM CABELOS MAIS CURTOS.

- FAÇA UM **X** NO MACAQUINHO QUE TEM O RABO MAIS COMPRIDO.

- DESENHE E PINTE DOIS PEDAÇOS DE CORDA, UM COMPRIDO E OUTRO CURTO.

VAMOS AJUDAR?

SOFIA E ANA ESTÃO MEDINDO CALÇADOS.

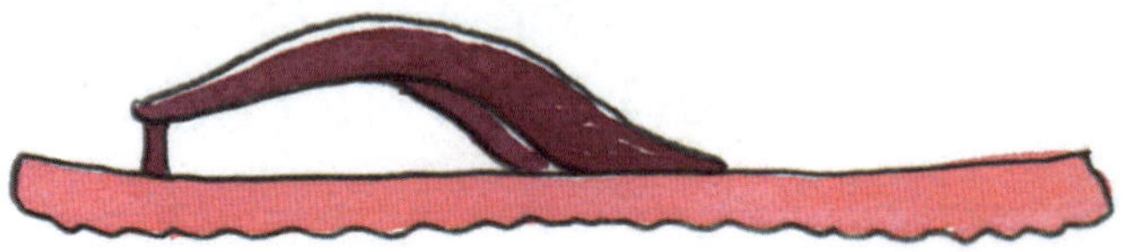

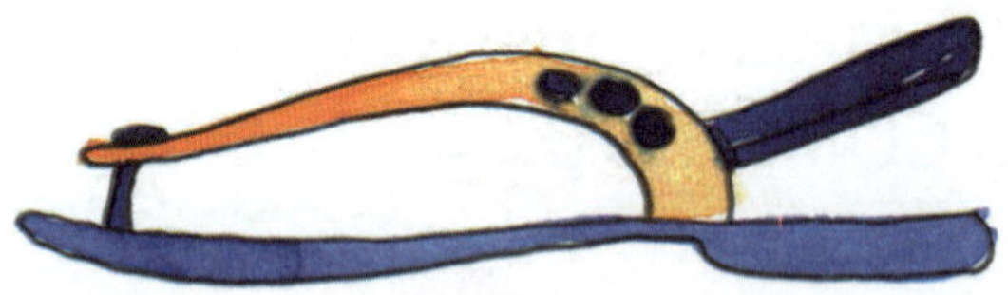

- PINTE OS QUADRINHOS PARA MOSTRAR O COMPRIMENTO DE CADA CALÇADO.
- ESCREVA O NÚMERO QUE REPRESENTA CADA MEDIDA.
- CONTORNE OS CALÇADOS QUE TÊM A MESMA MEDIDA.

BRUNO E SUAS INVENÇÕES

BRUNO USOU CLIPES PARA MEDIR A ALTURA DOS DESENHOS DOS BRINQUEDOS DELE.

- ESCREVA O NÚMERO DE CLIPES EM CADA MEDIDA.
- QUAL DESENHO DE BRINQUEDO TEM MEDIDA MAIOR?
- E QUAL TEM MEDIDA MENOR?

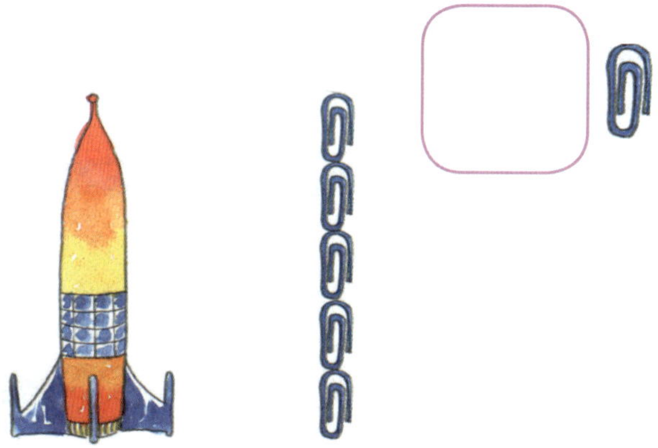

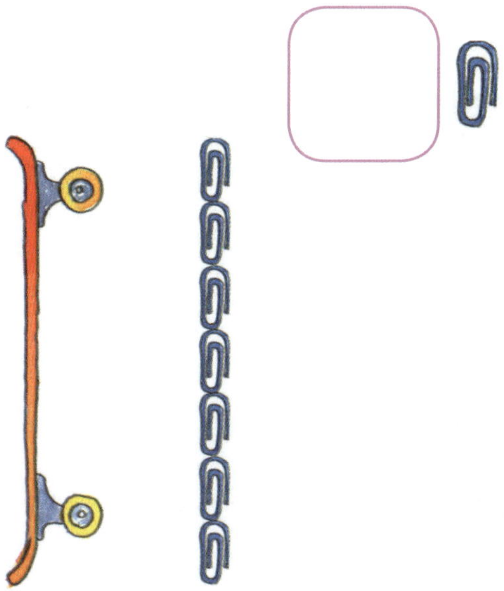

CAUÃ GOSTOU DA IDEIA DE BRUNO

CAUÃ TAMBÉM ESTÁ MEDINDO OS LÁPIS DE COR DELE COM CLIPES. VAMOS AJUDÁ-LO?

- MARQUE COM UM **X** O LÁPIS MAIS COMPRIDO.
- CONTORNE O LÁPIS MAIS CURTO.

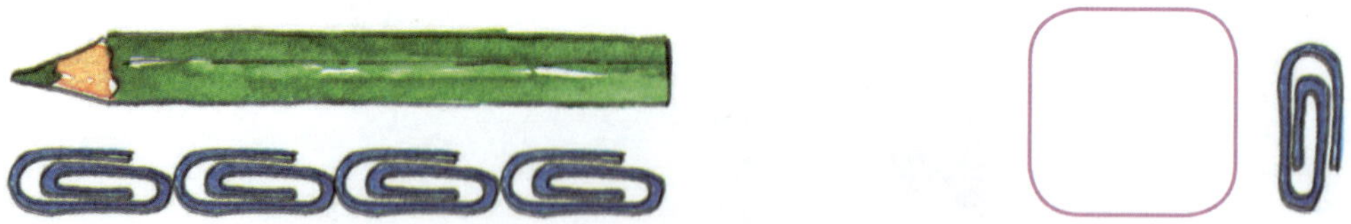

LIA PREFERIU MEDIR COM PALMO, PÉ E PASSO

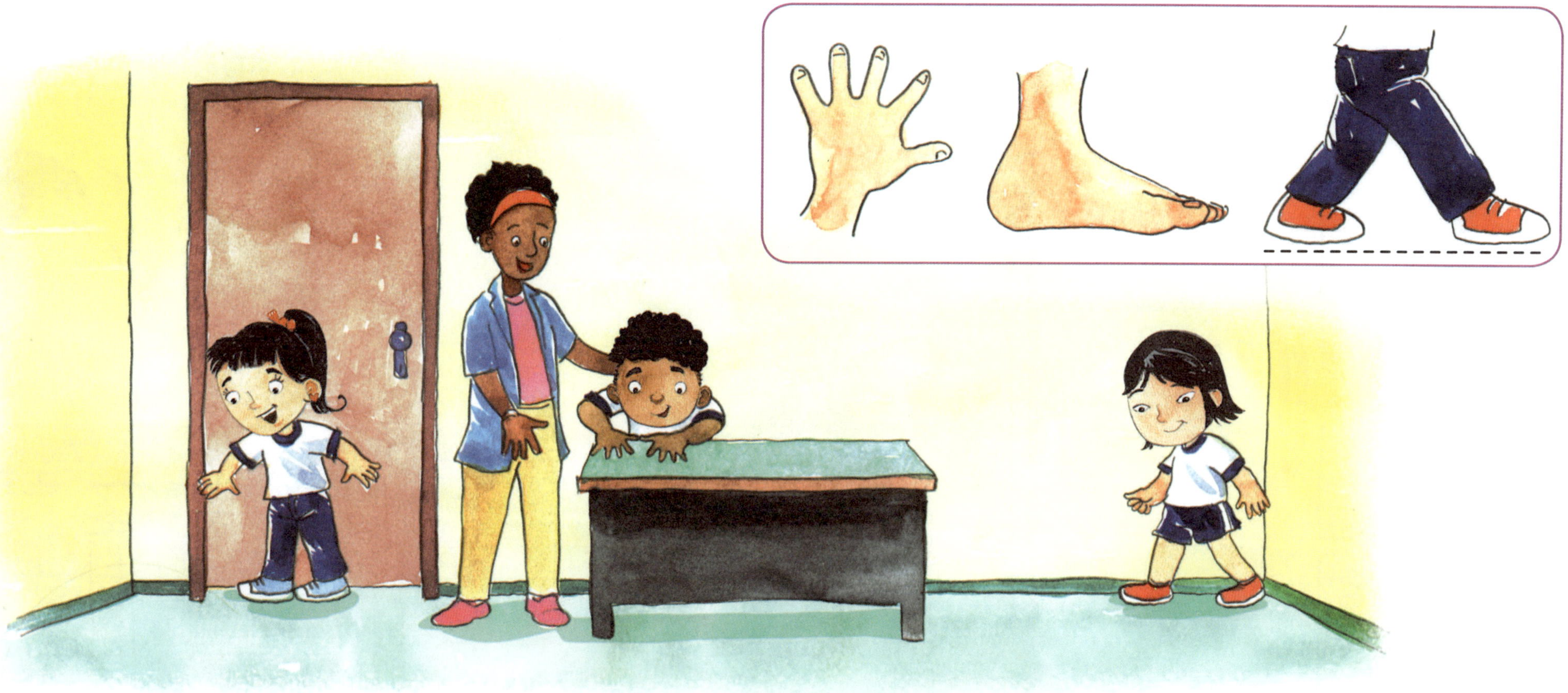

MEÇA E COMPLETE:

- SUA SALA DE AULA TEM ☐  DE COMPRIMENTO.
- A PORTA DA SUA SALA DE AULA TEM ☐ 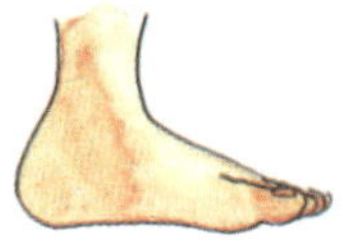 DE LARGURA.
- A MESA DO PROFESSOR TEM ☐ 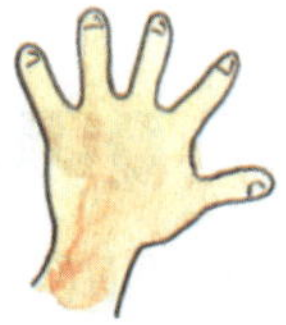 DE COMPRIMENTO.

QUENTE OU FRIO?

SOFIA ESTÁ COM SUA MÃE NA COZINHA.

- CONTORNE A FIGURA QUE MOSTRA ALGO **QUENTE**.
- COLOQUE UM **X** NA FIGURA QUE MOSTRA ALGO **FRIO**.

FRIO OU CALOR?

MANUELA, ANA E BETO ESTÃO VENDO CARTÕES-POSTAIS.

- CONTORNE AS CENAS QUE MOSTRAM TEMPERATURAS ALTAS, COM MUITO CALOR.
- COLOQUE UM **X** NAS CENAS QUE MOSTRAM TEMPERATURAS BAIXAS, COM MUITO FRIO.

JOGO DAS COMPARAÇÕES

REGRAS

1. EM CADA RODADA UM DOS PARTICIPANTES JOGA O DADO PARA SABER QUAL É O SEU QUADRO.
2. O OUTRO PARTICIPANTE FICA COM O QUADRO QUE SOBRAR.
3. AMBOS COMPARAM OS QUADROS. DE ACORDO COM O QUADRO QUE TIROU, UM DELES MARCA **XX** NA PONTUAÇÃO E O OUTRO MARCA **X**.
4. VENCE QUEM MARCAR MAIS PONTOS APÓS 4 RODADAS.

ALTO/BAIXO		
PESADO/ LEVE		
CABE MAIS/ CABE MENOS		
COMPRIDO/ CURTO		
	NOME: ____________	NOME: ____________
	VENCEDOR: ____________	

UNIDADE 4

EU GOSTO DE...

COR FAVORITA

A PROFESSORA PERGUNTOU PARA SOFIA, BETO, MANUELA, CAUÃ, BRUNO, LIA E ANA QUAL ERA A COR FAVORITA DE CADA UM DELES: VERMELHO, AZUL OU AMARELO? AS RESPOSTAS FORAM COLOCADAS EM TRÊS COLUNAS. CADA QUADRADO REPRESENTA UM VOTO.

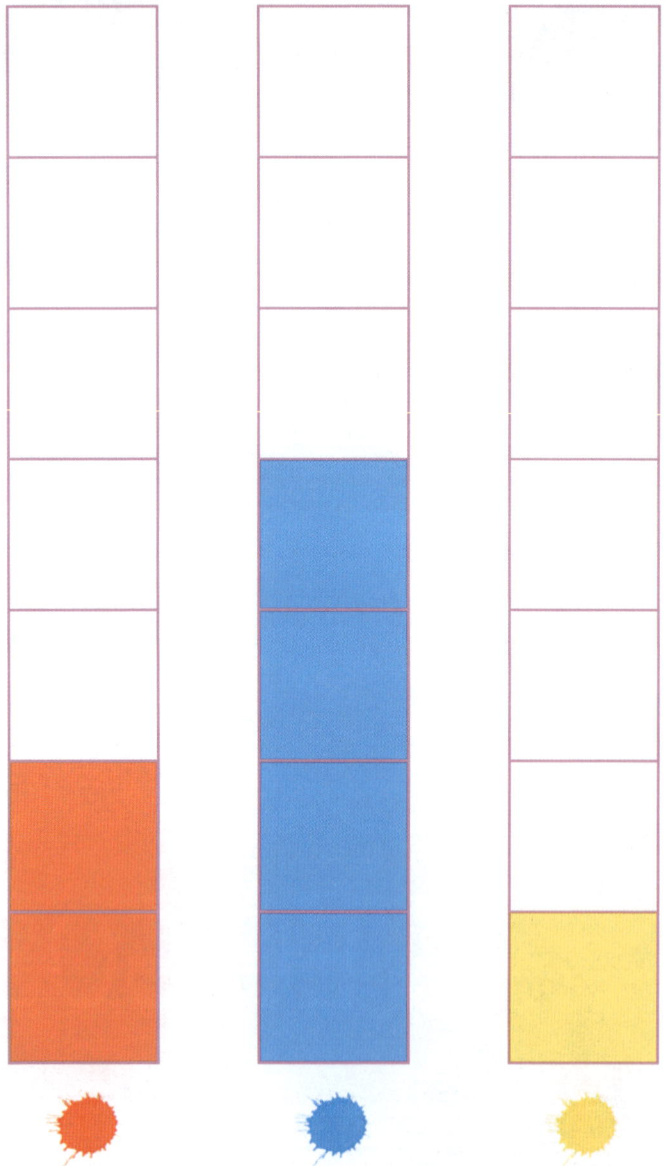

- QUAL COR FOI MAIS ESCOLHIDA?
- QUAL COR FOI MENOS ESCOLHIDA?
- QUANTOS VOTOS TEVE A COR AZUL?
- QUAL FOI O TOTAL DE VOTOS?
- QUANTOS VOTOS A COR AZUL RECEBEU A MAIS QUE A COR AMARELA?

LÁPIS DE COR OU GIZ DE CERA?

A PROFESSORA PERGUNTOU PARA SETE CRIANÇAS QUAL ERA O MATERIAL FAVORITO DE CADA UMA DELAS: LÁPIS DE COR OU GIZ DE CERA?
AS RESPOSTAS FORAM COLOCADAS EM DUAS FAIXAS. CADA QUADRADO PINTADO REPRESENTA UM VOTO.

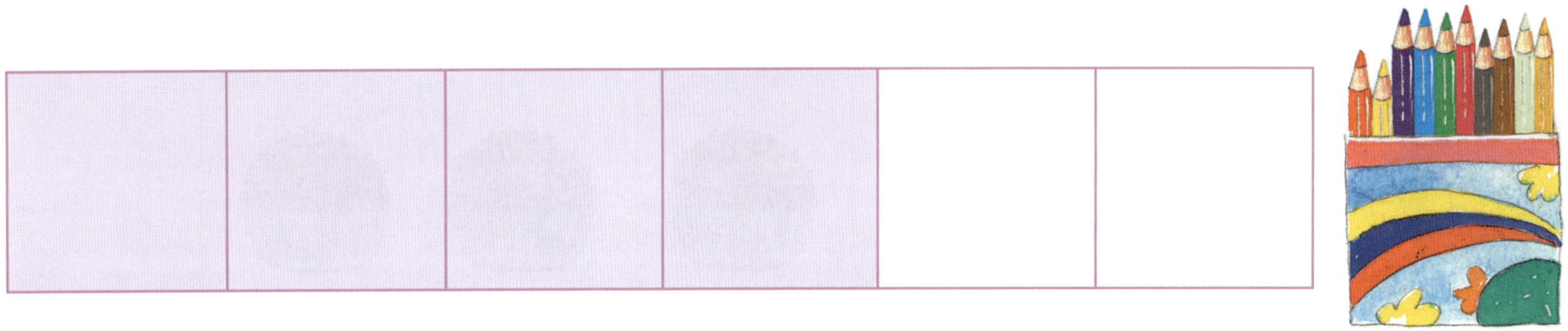

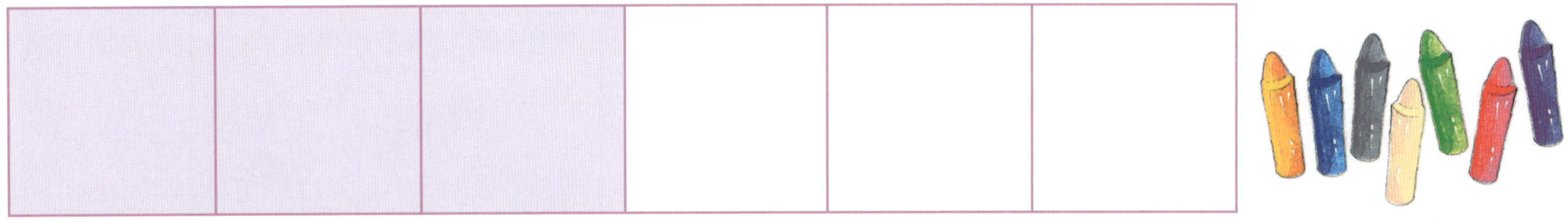

- CONTORNE O MATERIAL QUE FOI MENOS ESCOLHIDO.
- QUANTOS VOTOS TEVE O LÁPIS DE COR? ☐
- E O GIZ DE CERA? ☐

O QUE VOCÊ PREFERE: DOCE OU SALGADO?

A PROFESSORA PERGUNTOU PARA AS CRIANÇAS DA TURMA SE GOSTAVAM MAIS DE DOCES OU DE SALGADOS.

AS RESPOSTAS FORAM COLOCADAS EM DUAS FAIXAS. CADA ALIMENTO REPRESENTA UM VOTO.

- CONTORNE O ALIMENTO QUE FOI MENOS ESCOLHIDO.
- QUANTOS VOTOS TEVE O DOCE?
- QUANTOS VOTOS TEVE O SALGADO?

VAMOS PESQUISAR SOBRE BRINQUEDOS DO PARQUINHO?

MATERIAL DE APOIO

PERGUNTE A 6 COLEGAS: ONDE VOCÊ MAIS GOSTA DE BRINCAR: NO ESCORREGADOR, NO BALANÇO OU NA GANGORRA?

- DESTAQUE AS FIGURAS DA **PÁGINA 21** DO MATERIAL DE APOIO.
- COLE-AS DE ACORDO COM AS RESPOSTAS DADAS PELOS 6 COLEGAS.
- DEPOIS DE COLAR AS FIGURAS, CONVERSE COM OS COLEGAS SOBRE O MOTIVO DAS ESCOLHAS DE CADA UM DELES.

VAMOS PESQUISAR SOBRE ANIMAIS DOMÉSTICOS?

PERGUNTE A 6 COLEGAS DE QUAL ANIMAL DOMÉSTICO ELES MAIS GOSTAM: GATO, CACHORRO, GALINHA OU TARTARUGA?

- PINTE OS QUADRADOS DE ACORDO COM O RESULTADO DA PESQUISA.
- FAÇA UM **X** NO ANIMAL DOMÉSTICO MAIS ESCOLHIDO.
- CONTORNE O ANIMAL DOMÉSTICO MENOS ESCOLHIDO.

ERIC ISSELEE/ SHUTTERSTOCK

ROSA JAY/ SHUTTERSTOCK

AKSENOVA NATALYA/ SHUTTERSTOCK

SUTTIPON YAKHAM/ SHUTTERSTOCK

NA RUA

- DESCREVA O QUE VOCÊ VÊ NESTA CENA.
- PINTE OS NÚMEROS QUE VOCÊ JÁ CONHECE.

NÚMEROS ATÉ 10

VEJA ALGUNS OBJETOS QUE CONTÊM NÚMEROS.

INXTI/SHUTTERSTOCK

FOTOS: REPRODUÇÃO/CASA DA MOEDA DO BRASIL/MINISTÉRIO DA FAZENDA

- PINTE DE ▬▬ OS NÚMEROS ATÉ 10 QUE VOCÊ JÁ CONHECE. CONTORNE OS OUTROS NÚMEROS.
- COMPLETE A SEQUÊNCIA DOS NÚMEROS ABAIXO.

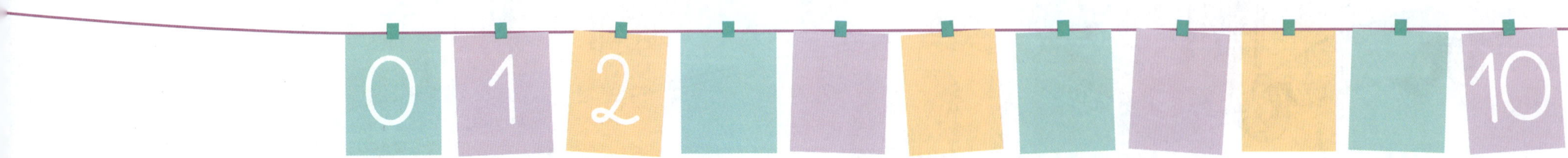

NÚMEROS 10, 11 E 12. VAMOS CONTAR?

MANUELA QUER CONTAR AS FLORES. VAMOS AJUDÁ-LA?

- CONTE EM VOZ ALTA A QUANTIDADE DE FLORES QUE HÁ EM CADA GRUPO.
- APONTE PARA CADA FLOR ENQUANTO CONTA.

10 ROSAS
DEZ

11 CRAVOS
ONZE

12 MARGARIDAS
DOZE

ANA GOSTA MUITO DE FRUTAS

- CONTE E LIGUE CORRETAMENTE CADA GRUPO DE FRUTAS A UM NÚMERO.

9 | 10 | 11 | 12

COPRID/SHUTTERSTOCK

GRESEI/SHUTTERSTOCK

IAN 2010/SHUTTERSTOCK

TIM UR/SHUTTERSTOCK

CAUÃ GOSTA DE CONTAR

CAUÃ GOSTA MUITO DE CONTAR. ELE QUER LIGAR OS PONTOS AOS NÚMEROS.
VAMOS AJUDÁ-LO?

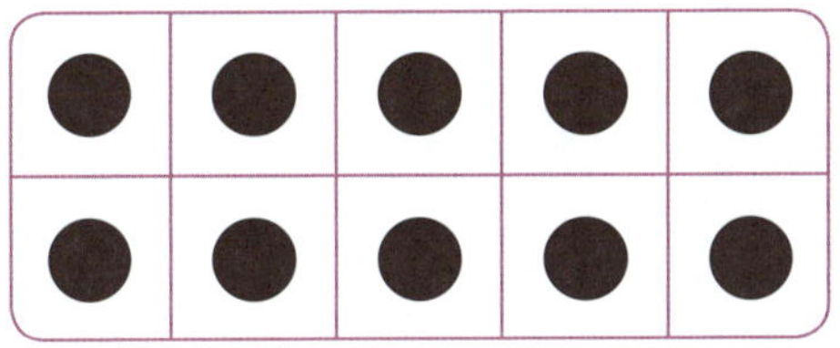

12

11

10

ATRÁS DO CAMINHÃO

- VAMOS COLORIR:

  1. COR DO CAMINHÃO ◯
  2. COR DO PRIMEIRO CARRO ATRÁS DO CAMINHÃO ◯
  3. COR DO ÚLTIMO CARRO ◯
  4. COR DO CARRO QUE ESTÁ ENTRE O AZUL E O CINZA ◯

- CONTE E REGISTRE:

  1. NÚMERO DE CAMINHÕES NA CENA ☐
  2. NÚMERO DE CARROS NA CENA ☐
  3. NÚMERO TOTAL DE VEÍCULOS ☐
  4. NÚMERO DE CARROS ATRÁS DO CARRO VERDE ☐

BRINCANDO COM CUBOS

ANA, BETO E SOFIA ESTÃO BRINCANDO COM CUBOS.

- PINTE OS QUADRINHOS DE CADA LINHA COM A COR INDICADA DE ACORDO COM A QUANTIDADE DE CUBOS QUE CADA CRIANÇA TEM. CADA QUADRINHO PINTADO REPRESENTA UM CUBO.

- FAÇA UM **X** NA CRIANÇA QUE TEM MAIS CUBOS.
- CONTORNE A CRIANÇA QUE TEM MENOS CUBOS.
- QUANTOS CUBOS ANA TEM A MAIS DO QUE SOFIA?

VAMOS CONTORNAR?

SOFIA, CAUÃ E BRUNO REPRESENTARAM A QUANTIDADE DE ANIMAIS DE MANEIRAS DIFERENTES.

- CONTORNE O SÍMBOLO QUE INDICA O NÚMERO DE ANIMAIS EM CADA GRUPO.

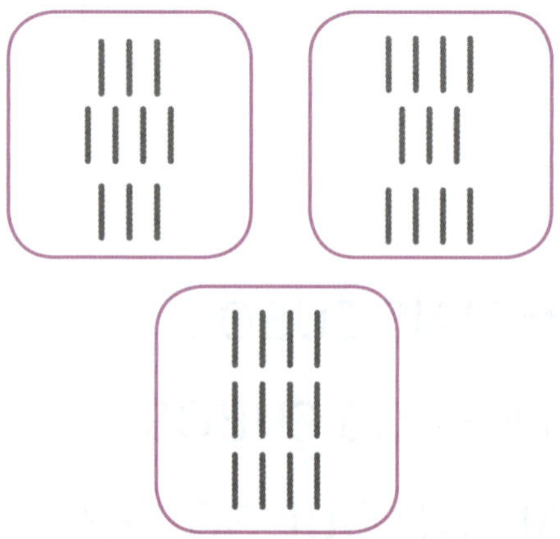

10 11

12

O RELÓGIO DA CASA DE BETO

VOCÊ SABIA QUE OS NÚMEROS TAMBÉM SERVEM PARA INDICAR AS HORAS?
VEJA O RELÓGIO DA CASA DE BETO.

- COMPLETE ESCREVENDO OS NÚMEROS QUE ESTÃO FALTANDO.
- CONTORNE OS NÚMEROS 10, 11 E 12.
- COMPLETE A SEQUÊNCIA DE NÚMEROS ABAIXO.

0	1	2										

0 1 2 3 4 5 6 7 8 9 10 11 12

FUTEBOL, UMA PAIXÃO NACIONAL

BETO, BRUNO E MANUELA GOSTAM MUITO DE FUTEBOL. E VOCÊ, TAMBÉM GOSTA? VOCÊ SABE QUANTOS JOGADORES TEM UM TIME DE FUTEBOL DE CAMPO?

- CONTE E CONTORNE O NÚMERO CORRETO.

JEFFERSON BERNARDES/SHUTTERSTOCK

10   11   12

UMA OBRA DE ARTE

A TURMA DA LIA FOI VISITAR UMA EXPOSIÇÃO DE ARTE.
OBSERVE ESTA PINTURA DA FAMOSA PINTORA TARSILA DO AMARAL.

CEDIDA POR TARSILA EDUCAÇÃO/<WWW.TARSILADOAMARAL.COM.BR>

A FAMÍLIA, DE TARSILA DO AMARAL, 1925.

- QUANTAS PESSOAS HÁ NESSA PINTURA?
- QUANTOS ANIMAIS?

BRINQUEDOS DE BETO

ESTES SÃO ALGUNS DOS BRINQUEDOS DE BETO.

- QUANTAS BOLAS BETO TEM? E PIÕES? E PETECAS?
- PINTE OS QUADRINHOS DAS COLUNAS PARA MOSTRAR ESSAS QUANTIDADES. CADA QUADRINHO PINTADO REPRESENTA UM BRINQUEDO.
- BETO TEM MAIS PIÕES OU MAIS BOLAS? QUANTOS A MAIS?

HORA DO JOGO JOGO DAS FRUTAS

REGRAS

1. COM AUXÍLIO DE UM LÁPIS, CADA JOGADOR GIRA UM CLIPE NA ROLETA.
2. LOCALIZE A FRUTA QUE TIROU, VERIFIQUE NA TABELA DE PONTOS QUANTOS PONTOS FEZ E MARQUE NO SEU QUADRO DE PONTUAÇÃO (UM **X** PARA CADA PONTO).
3. VENCE O JOGO QUEM COMPLETAR O SEU QUADRO DE PONTOS PRIMEIRO.

	VALE 2 PONTOS
	VALE 1 PONTO
	VALE 1 PONTO
	VALE 2 PONTOS
	VALE 1 PONTO
	NÃO VALE PONTO

PONTOS

DEPOIS DO 12 VÊM O 13, O 14 E O 15. VAMOS CONTAR?

ANA QUER CONTAR OS ANIMAIS. VAMOS AJUDÁ-LA?

- CONTE EM VOZ ALTA A QUANTIDADE DE INSETOS QUE HÁ EM CADA GRUPO.
- APONTE PARA CADA INSETO ENQUANTO CONTA.

13 BORBOLETAS
TREZE

14 ABELHAS
CATORZE

15 JOANINHAS
QUINZE

SOFIA TAMBÉM GOSTA DE CONTAR

SOFIA TAMBÉM GOSTA MUITO DE CONTAR. ELA QUER LIGAR OS PONTOS AOS NÚMEROS. VAMOS AJUDÁ-LA?

- CONTE OS PONTOS DE CADA CARTELA.
- LIGUE AS CARTELAS AOS NÚMEROS CORRESPONDENTES.

14

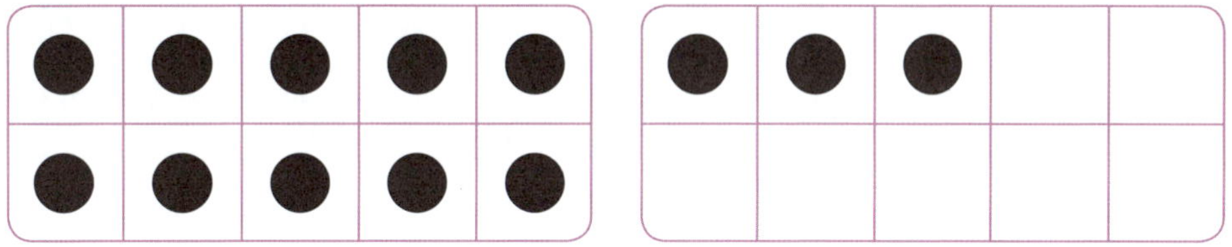

15

13

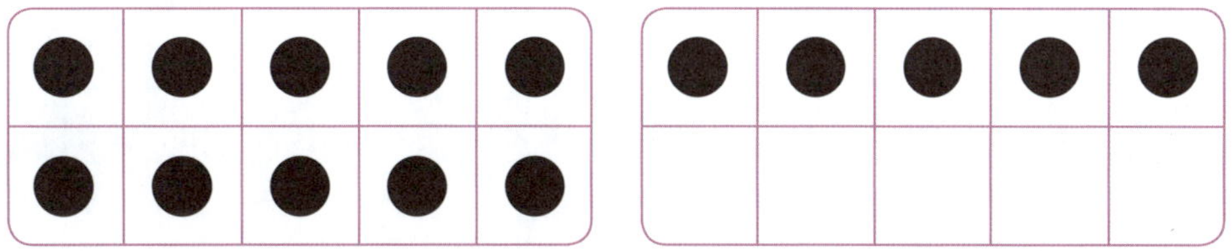

LIA GOSTA DE DESENHAR

E VOCÊ, QUER DESENHAR E PINTAR TAMBÉM?

- DESENHE 15 BOLAS.

- PINTE 10 BOLAS DE E AS RESTANTES DE .
- QUANTAS BOLAS VOCÊ PINTOU DE ?

VAMOS PESQUISAR SOBRE PREFERÊNCIA DE FRUTAS?

PERGUNTE A 6 COLEGAS DE QUAL FRUTA ELES MAIS GOSTAM: BANANA, LARANJA, MELANCIA OU MANGA?

- PINTE OS QUADRINHOS DE ACORDO COM O RESULTADO DA PESQUISA.
- FAÇA UM **X** NA FRUTA MENOS ESCOLHIDA.
- CONTORNE A FRUTA MAIS ESCOLHIDA.

VALZAN/SHUTTERSTOCK

MAKS NARODENKO/SHUTTERSTOCK

MAKS NARODENKO/SHUTTERSTOCK

SVETOK30/SHUTTERSTOCK

DESCUBRA O SEGREDO

BETO E BRUNO PENDURARAM OS BALÕES PARA A FESTA DA ESCOLA.
UM DOS BALÕES ESTOUROU.

- MARQUE COM **X** A COR DO BALÃO QUE ESTOUROU.

DEPOIS DO 15 VÊM O 16, O 17, O 18, O 19 E O 20

- CONTE QUANTOS DEDOS TEMOS NAS DUAS MÃOS E NOS DOIS PÉS JUNTOS.
- CONTORNE O NÚMERO QUE VOCÊ CONTOU.

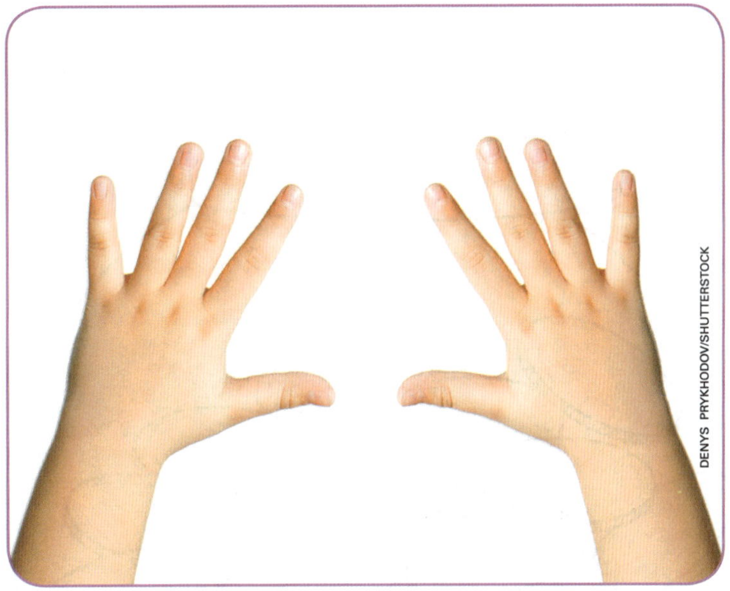
DENYS PRYKHODOV/SHUTTERSTOCK

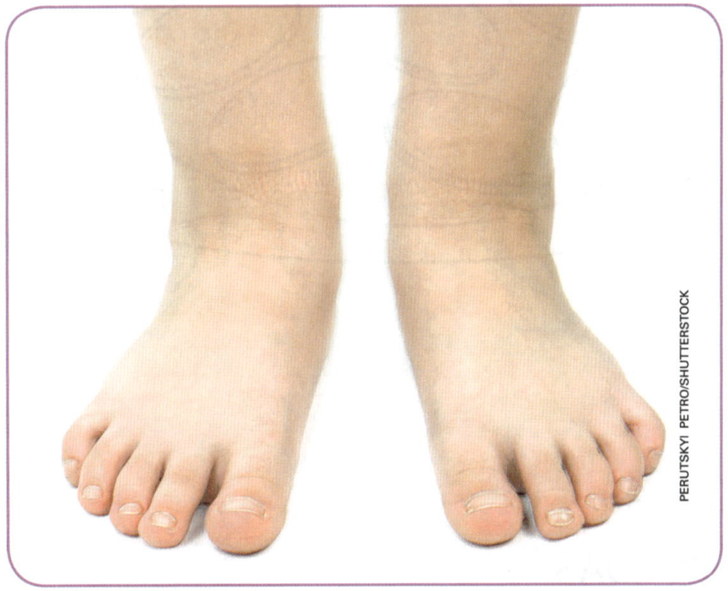
PERUTSKYI PETRO/SHUTTERSTOCK

16

17

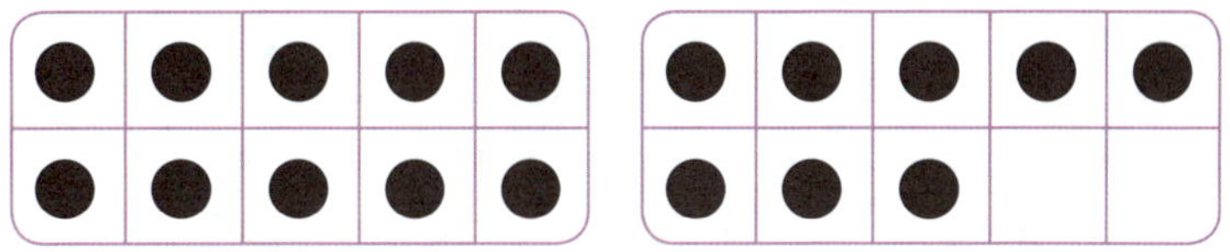
18

19

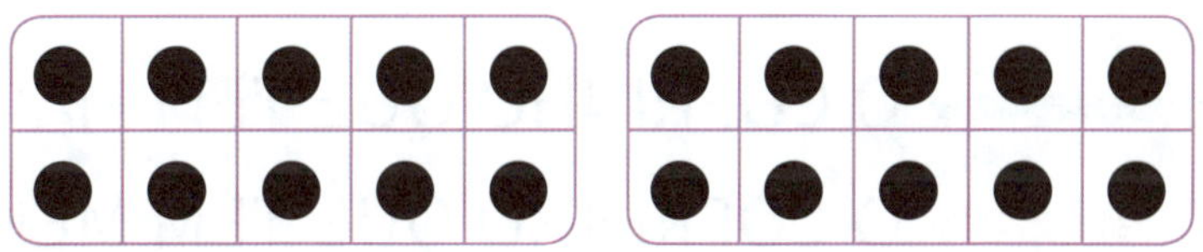
20

CONTANDO MOEDAS

ANA E MANUELA ESTÃO JUNTANDO MOEDAS DE 1 REAL EM COFRINHOS.

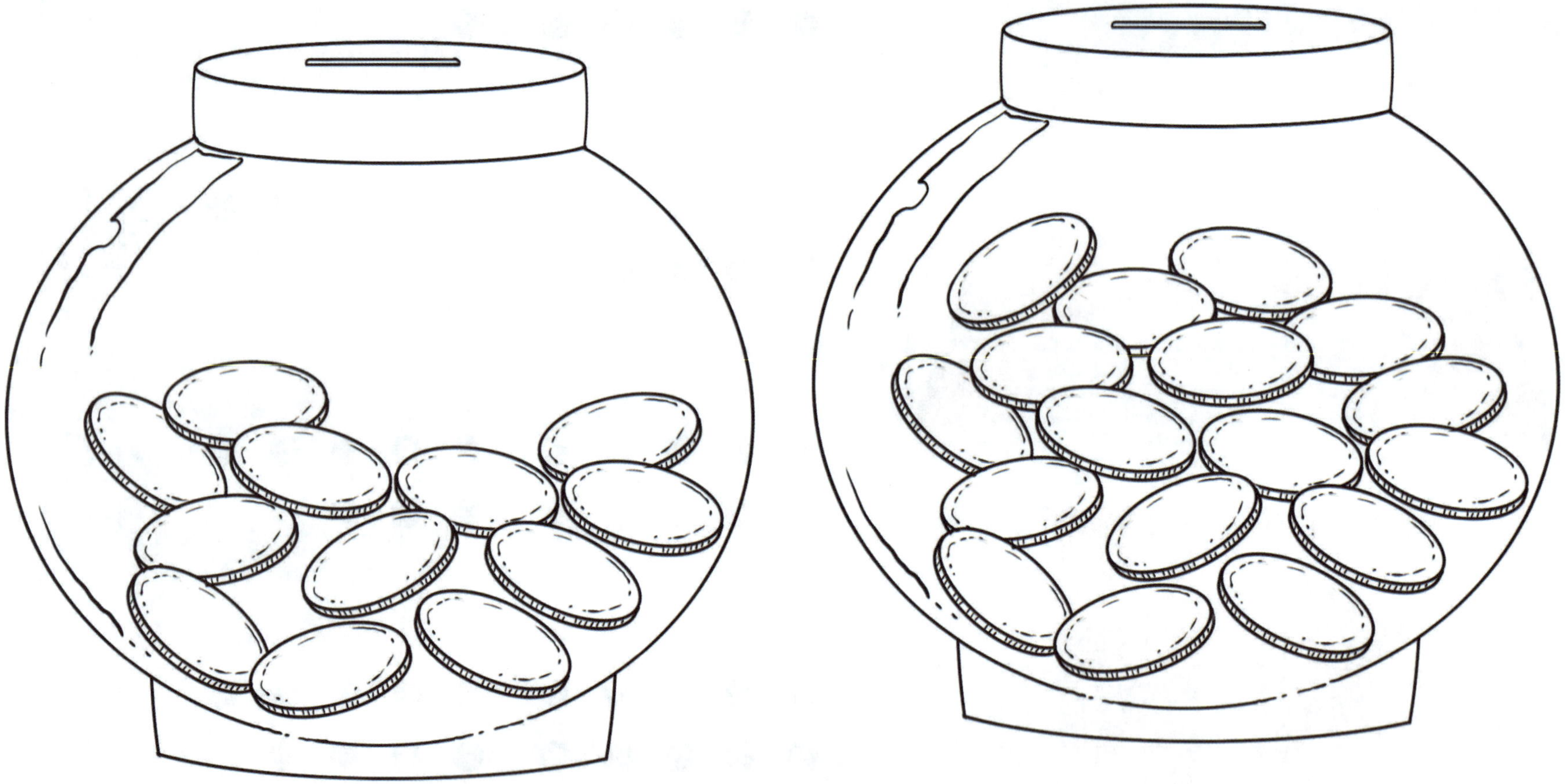

- PINTE DE  O COFRINHO QUE TEM MAIS MOEDAS.
- PINTE DE  O COFRINHO QUE TEM MENOS MOEDAS.

NÚMEROS E DINHEIRO

LIA GANHOU ALGUMAS NOTAS E UMA MOEDA DA SUA MÃE.

FOTOS: REPRODUÇÃO/CASA DA MOEDA DO BRASIL/MINISTÉRIO DA FAZENDA

- CONTORNEM NO VARALZINHO OS NÚMEROS QUE APARECERAM NA MOEDA E NAS NOTAS.

0 1 2 3 4 5 6 7 8 9 10 11 12 13 14 15 16 17 18 19 20

NÚMEROS DE 1 A 20

MATERIAL DE APOIO

- DESTAQUE AS CARTELAS DA **PÁGINA 23** DO MATERIAL DE APOIO.
- COLE-AS CORRETAMENTE NESTES ESPAÇOS.

13 BOLINHAS

15 BOLINHAS

18 BOLINHAS

14 BOLINHAS

19 BOLINHAS

16 BOLINHAS

PASSEIO DA TURMA DA ESCOLA AO CIRCO

OBSERVE A CENA COM ATENÇÃO.

- OUÇA AS PERGUNTAS DO PROFESSOR E RESPONDA:

1. O PALHAÇO ESTÁ DE LADO, DE FRENTE OU DE COSTAS PARA VOCÊ?
2. E A BAILARINA?
3. E O EQUILIBRISTA?
4. O EQUILIBRISTA ESTÁ EM CIMA OU EMBAIXO DO FIO?
5. QUANTOS PÉS O EQUILIBRISTA ESTÁ APOIANDO NO FIO?
6. QUANTOS PÉS A BAILARINA ESTÁ APOIANDO NO CHÃO?
7. O PALHAÇO ESTÁ MAIS PERTO DO EQUILIBRISTA OU DA BAILARINA?

MAIS, MENOS E MESMA QUANTIDADE

LIA E SEUS AMIGOS JUNTARAM ALGUNS LÁPIS.

- QUANTOS LÁPIS HÁ ABAIXO?

LUKAS GOJDA/SHUTTERSTOCK

- DESENHE AQUI MENOS BOLAS DO QUE A QUANTIDADE DE LÁPIS.

- DESENHE AQUI MAIS BOLAS DO QUE A QUANTIDADE DE LÁPIS.

- DESENHE AQUI A MESMA QUANTIDADE DE BOLAS QUE TEM DE LÁPIS.

VAMOS CONTAR E CONTORNAR?

OBSERVE A SEQUÊNCIA DOS NÚMEROS DE 0 A 20.

0 1 2 3 4 5 6 7 8 9 10 11 12 13 14 15 16 17 18 19 20

- CONTE OS ELEMENTOS DE CADA GRUPO.
- CONTORNE, NO VARALZINHO, OS NÚMEROS CORRESPONDENTES.
- FAÇA UM **X** NO GRUPO QUE TEM MAIS ELEMENTOS.
- FAÇA UMA ● NO GRUPO QUE TEM MENOS ELEMENTOS.

O CONCERTO

A TURMA DE LIA FOI ASSISTIR À APRESENTAÇÃO DE UMA ORQUESTRA.

REGISTRE SUAS RESPOSTAS NO VARALZINHO:

- COM LÁPIS [azul] FAÇA UM **X** NO NÚMERO QUE INDICA A QUANTIDADE TOTAL DE MÚSICOS DA ORQUESTRA, INCLUINDO O MAESTRO.
- COM LÁPIS [laranja] FAÇA UM **X** NO NÚMERO QUE INDICA A QUANTIDADE DE HOMENS.
- COM LÁPIS [verde] FAÇA UM **X** NO NÚMERO QUE INDICA A QUANTIDADE DE MULHERES.

0 1 2 3 4 5 6 7 8 9 10 11 12 13 14 15 16 17 18 19 20

VAMOS PESQUISAR SOBRE PREFERÊNCIA DE LEGUMES?

PERGUNTE A 6 COLEGAS DE QUAL LEGUME ELES MAIS GOSTAM: CENOURA, BETERRABA, BERINJELA OU PIMENTÃO?

- PINTE OS QUADRINHOS DE ACORDO COM O RESULTADO DA PESQUISA.
- FAÇA UM **X** NO LEGUME MAIS VOTADO.
- CONTORNE O LEGUME MENOS VOTADO.

INES BEHRENS-KUNKEL/ SHUTTERSTOCK

VALENTINA RAZUMOVA/ SHUTTERSTOCK

DANNY SMYTHE/ SHUTTERSTOCK

KENISHIROTIE/ SHUTTERSTOCK

NÚMEROS DE 11 A 20

CONTE AS BOLINHAS, DIGA A QUANTIDADE ENCONTRADA E CUBRA OS NÚMEROS.

ONZE

11

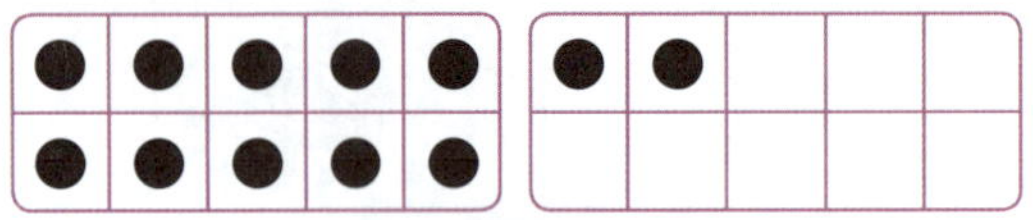

DOZE

12

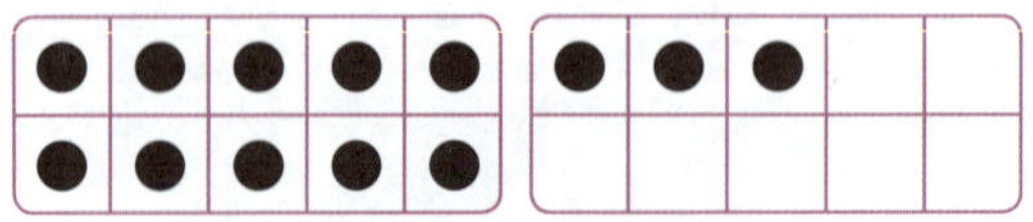

TREZE

13

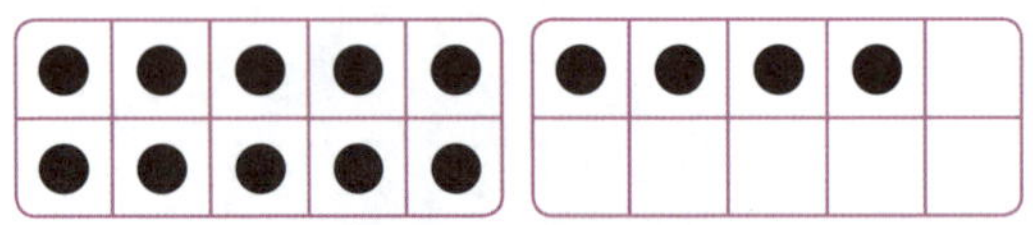

CATORZE

14

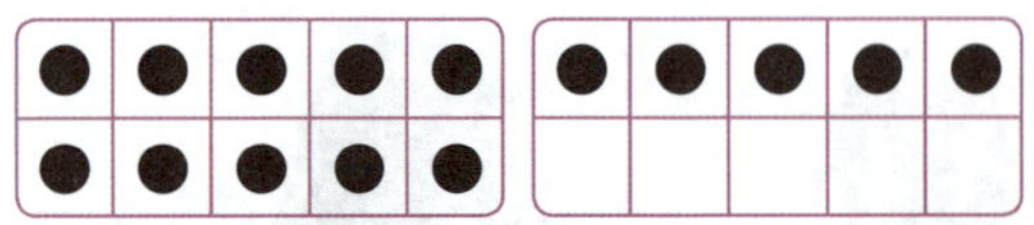

QUINZE

15

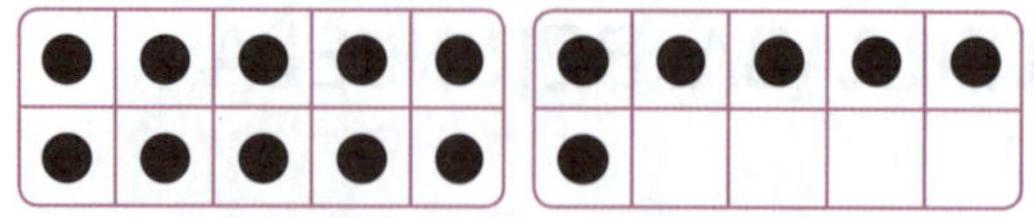

DEZESSEIS

16

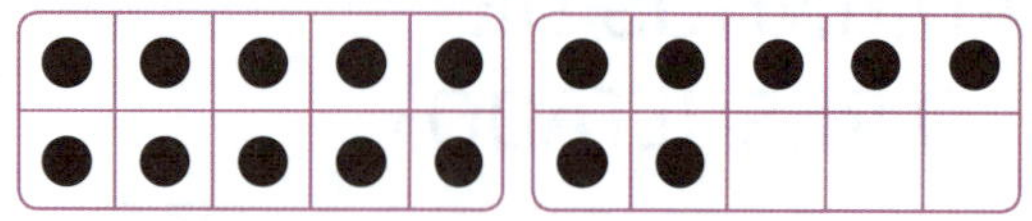

DEZESSETE

17

DEZOITO

18

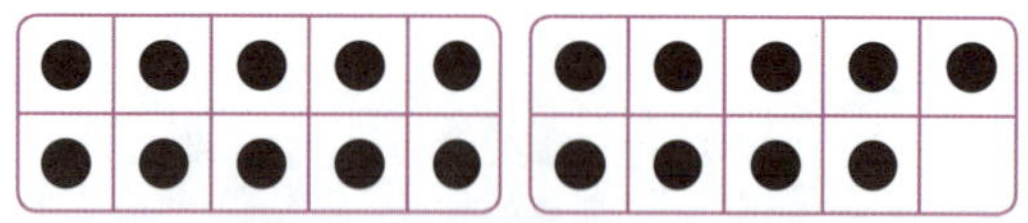

DEZENOVE

19

VINTE

20

NÚMEROS DE 1 A 20

- COMPLETE OS QUADROS COM OS NÚMEROS QUE FALTAM.

1	2	3	4	5	6	7	8	9	10
11	12	13				17			20

1		3		5		7		9	
11	12		14		16		18		20

- CONTORNE 10 BOLINHAS EM CADA QUADRO. ESCREVA NO QUADRINHO O NÚMERO TOTAL DE BOLINHAS.

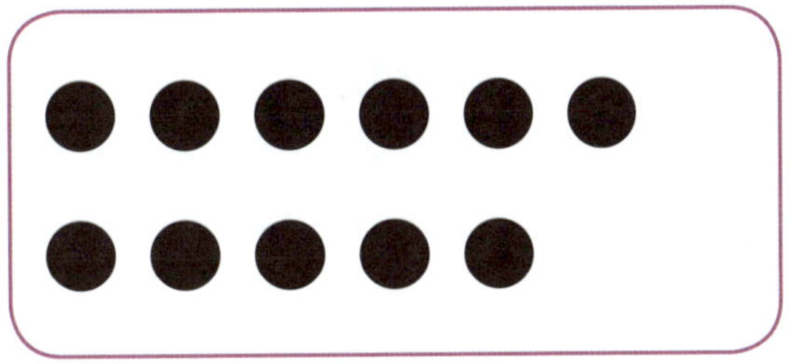

☐ BOLINHAS

☐ BOLINHAS

☐ BOLINHAS

SEQUÊNCIA DE NÚMEROS DE 1 A 20

QUE ANIMAIS SÃO ESTES?

- LIGUE OS NÚMEROS DE 1 A 20 NA ORDEM CORRETA. DEPOIS, PINTE OS DESENHOS.

0 1 2 3 4 5 6 7 8 9 10 11 12 13 14 15 16 17 18 19 20

TRILHA DO SAPO

REGRAS

1. ALTERNADAMENTE, CADA JOGADOR COLOCA UM MARCADOR NA PARTIDA E LANÇA O DADO.
2. ELE MOVE O MARCADOR DE ACORDO COM O NÚMERO QUE SAIU NO DADO.
3. SE O MARCADOR CAIR SOBRE UM SAPO, ELE VOLTA 1 CASA.
4. VENCE O JOGO QUEM ATINGIR PRIMEIRO O PONTO DE CHEGADA.

BRINCANDO COM O CALENDÁRIO

MANUELA E LIA ESTÃO BRINCANDO COM O CALENDÁRIO. VAMOS BRINCAR TAMBÉM?

REGRAS

1. COLOQUE SEU MARCADOR NA LARGADA. CADA UM, NA SUA VEZ, LANÇA O DADO.
2. MOVIMENTE O MARCADOR POR UMA QUANTIDADE DE CASAS IGUAL AO NÚMERO QUE SAIU NO DADO.
3. SE SEU MARCADOR CAIR EM CIMA DE UM DOMINGO OU EM CIMA DO MARCADOR DO OUTRO JOGADOR, PULE E VÁ PARA O PRÓXIMO NÚMERO.
4. GANHA QUEM ATINGIR PRIMEIRO O DIA 30, ONDE FICA A CHEGADA.

NOVEMBRO

DOM	SEG	TER	QUA	QUI	SEX	SÁB
				LARGADA 1	2	3
4	5	6	7	8	9	10
11	12	13	14	15	16	17
18	19	20	21	22	23	24
25	26	27	28	29	CHEGADA 30	

MATERIAL DE APOIO

A CASA DE LIA

FIGURAS PARA A ATIVIDADE DA **PÁGINA 32** DO LIVRO.

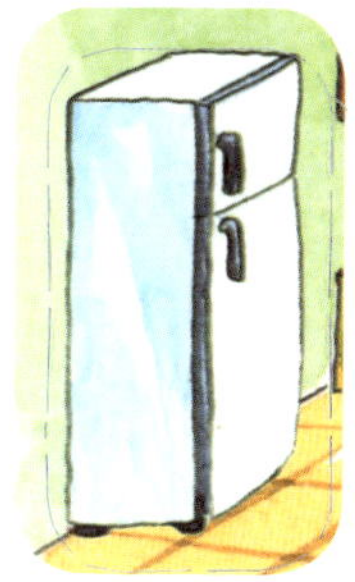

OS DADOS DE SOFIA E ANA

FIGURAS PARA A ATIVIDADE DA **PÁGINA 36** DO LIVRO.

4	A	2	I
U	1	E	3

É IMPORTANTE SE ORGANIZAR

IMAGENS PARA A ATIVIDADE DA **PÁGINA 37** DO LIVRO.

OEZ/SHUTTERSTOCK

YEVGEN GLUKHOV/SHUTTERSTOCK

KAREN KATRJYAN/SHUTTERSTOCK

MARQUES/SHUTTERSTOCK

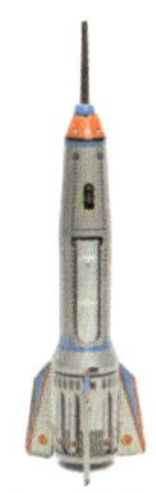
MEGA PIXEL/SHUTTERSTOCK

MARCIN WOS/SHUTTERSTOCK

MIKHAIL RULKOV/SHUTTERSTOCK

SATTVA78/SHUTTERSTOCK

OLEG V. IVANOV/SHUTTERSTOCK

DENIS KOVIN/SHUTTERSTOCK

OS CALÇADOS DE LIA E BETO

FIGURAS PARA A ATIVIDADE DA **PÁGINA 40** DO LIVRO.

HORA DO JOGO - JOGO DA MEMÓRIA

FIGURAS PARA A ATIVIDADE DA **PÁGINA 42** DO LIVRO.

VAMOS CONTAR E COLAR?

FIGURAS PARA A ATIVIDADE DA **PÁGINA 53** DO LIVRO.

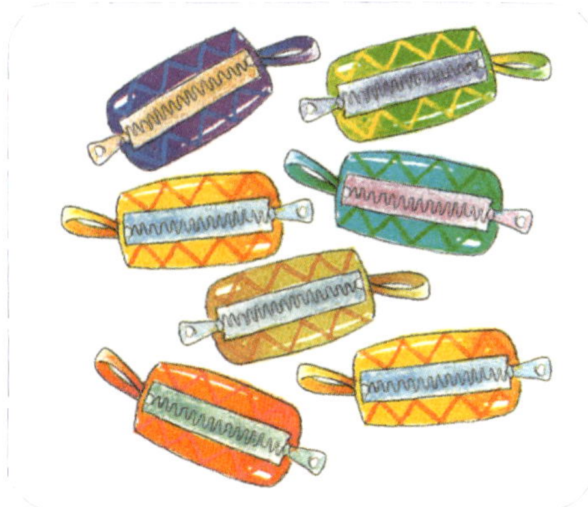

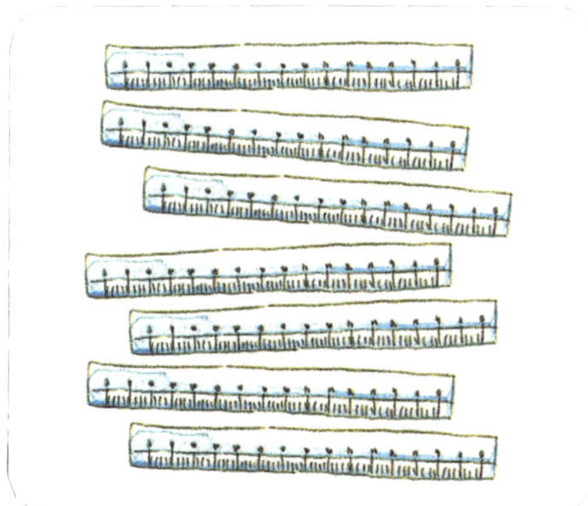

HORA DO JOGO - BRINCANDO COM O DOMINÓ

FIGURAS PARA A ATIVIDADE DA **PÁGINA 68** DO LIVRO.

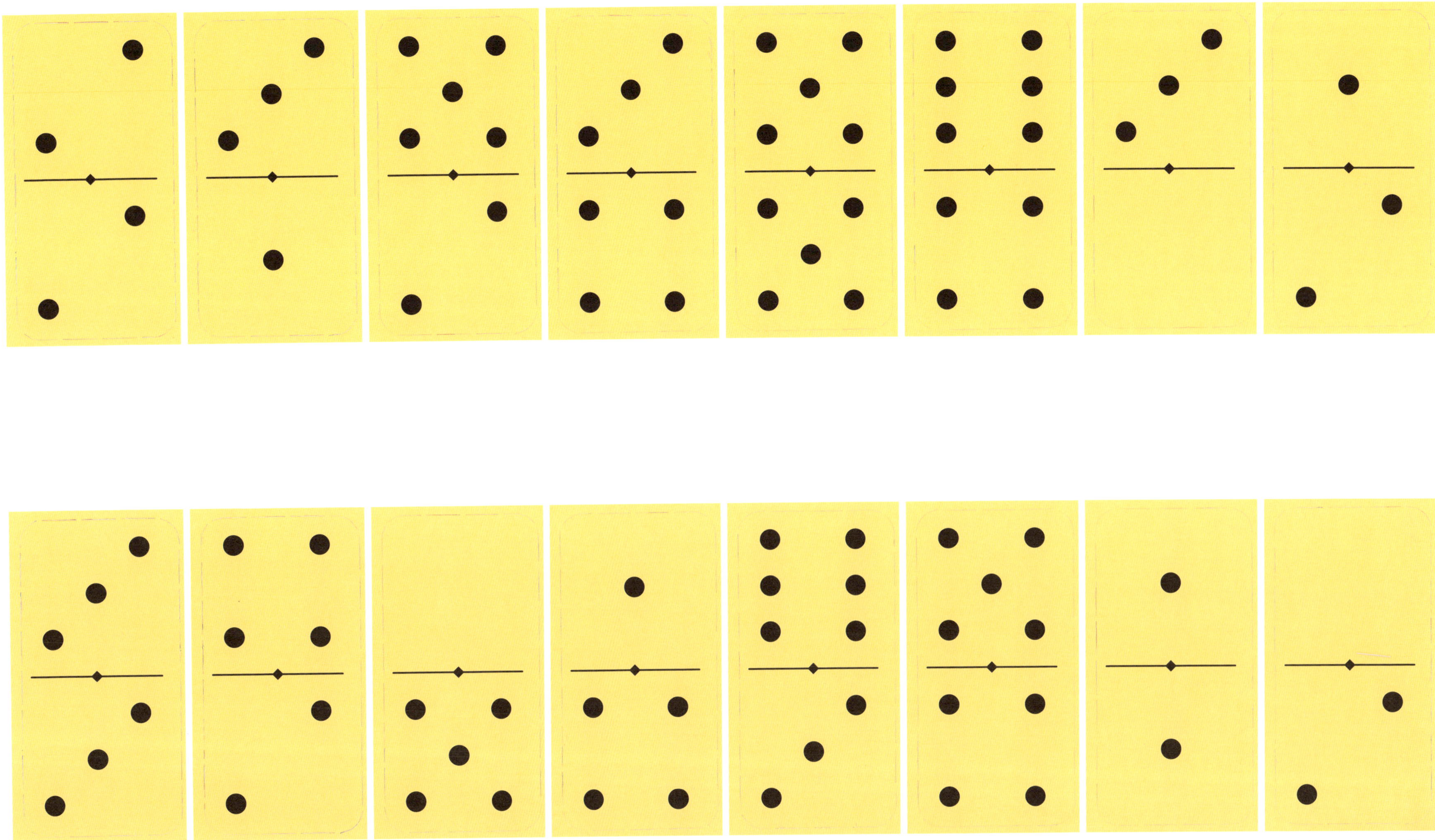

VAMOS COLAR?

FIGURAS PARA A ATIVIDADE DA **PÁGINA 77** DO LIVRO.

BRINCANDO COM A BALANÇA

FIGURAS PARA A ATIVIDADE DA **PÁGINA 88** DO LIVRO.

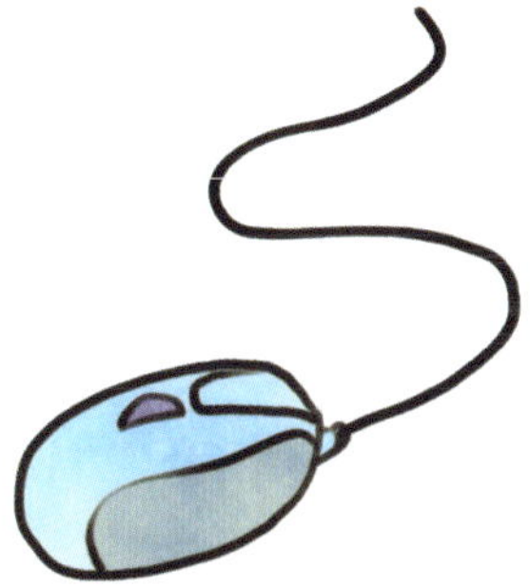

CONSTRUINDO FIGURAS

FIGURAS PARA A ATIVIDADE DA **PÁGINA 90** DO LIVRO.

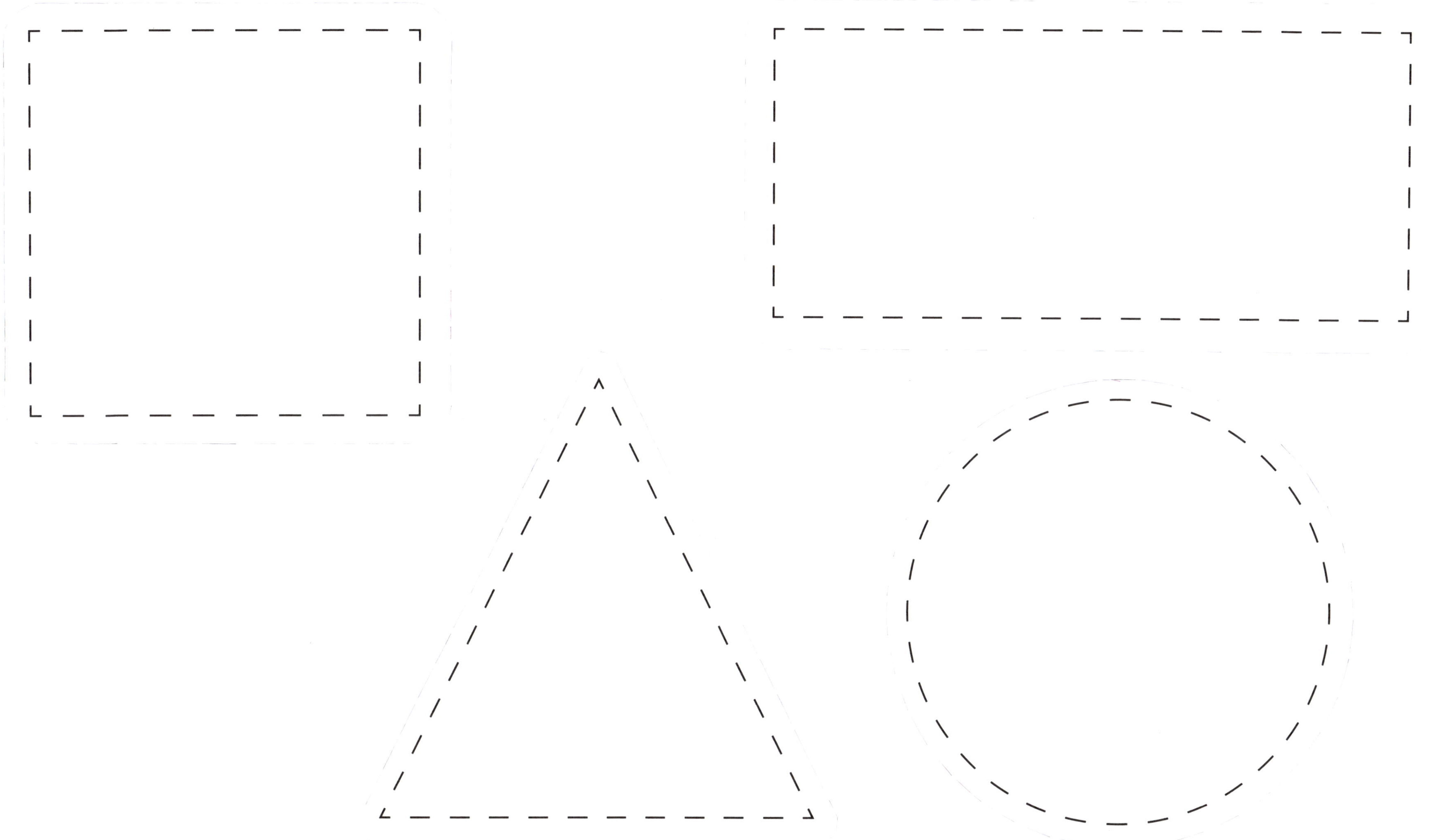

HORA DO JOGO - CONSTRUINDO UMA CASA

FIGURAS PARA A ATIVIDADE DA **PÁGINA 96** DO LIVRO.

VAMOS PESQUISAR SOBRE BRINQUEDOS DO PARQUINHO?

FIGURAS PARA A ATIVIDADE DA **PÁGINA 111** DO LIVRO.

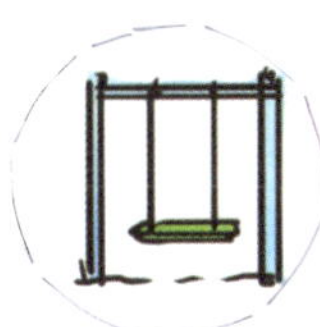

NÚMEROS DE 1 A 20

FIGURAS PARA A ATIVIDADE DA **PÁGINA 134** DO LIVRO.